명심보감 인문학

明心寶鑑

명심보감 인문학

明心
寶鑑

한정주 지음

처음 인문학을
공부하는 사람을 위한
고전 입문서

다섯
수레

『명심보감』,
우리가 미처 몰랐던
최고의 동양 인문학 입문서

4년 전 필자는 『천자문 인문학』을 재출간하면서, 『천자문』이 어린 아이용 한자 학습서가 아니라 동양의 인문과 고전의 세계로 들어가는 '첫 관문'이라고 소개했습니다. 다행스럽게도 당시 많은 독자들이 필자의 견해에 호응해주었습니다. 그 이후 『천자문 인문학』을 읽은 독자들, 또는 저의 인문학 강의를 수강하신 많은 분들에게서 이 책 다음으로 읽을 만한 '동양 고전 입문서'를 추천해달라는 요청을 받았습니다. 『천자문 인문학』을 통해 '첫 관문'을 넘었으니까, 이제 보다 폭넓게 동양의 인문과 고전의 세계를 접하고 싶다는 것이었습니다. 다만 처음 공부하는 입문자도 쉽게 이해할 수 있는 책이었으면 좋겠다고 했습니다.

30여 년 전 처음 동양 고전을 공부하던 때, 저 역시 이 두 가지 조건을 모두 갖추고 있는 책을 찾아 이곳저곳 헤매고 다녔습니다. 동양 인문과 고전의 세계를 폭넓게 접할 수 있으면서, 입문자도 쉽게 이해할 수 있는 책이 있다면, 보다 빠른 시간 안에 효과적으로 동양 인문과 고전을 독파할 수 있을 것 같았기 때문입니다. 그때 제가 찾은 책이 바로 『명심보감』이었습니다.

그런데 『명심보감』 하면 어떤 이미지가 떠오르십니까? 아마도 어린아이들이 읽는 고전이라고 생각하시는 분들이 많으시겠지요. 그래서 『논어』, 『맹자』, 『노자』, 『장자』를 읽었다고 하면 "오! 제법인데."라는 소리를 듣지만, 『명심보감』을 읽었다고 하면 "그거 애들이나 읽는 책 아니야!" 하는 소리를 듣기 십상입니다.

하지만 『명심보감』은 단순히 어린아이용 인문 고전, 또는 자기 성찰 메시지만 담고 있는 고전이 아닙니다. 사실 『명심보감』은 수천 년 동양 인문학의 정수가 살아 숨 쉬는 최고의 고전 입문서입니다.

『명심보감』의 진정한 의의는 무엇인가

그렇다면 왜 『명심보감』을 동양 인문학의 정수를 모아놓은 최고의 고전 입문서라고 말할 수 있을까요? 그 까닭은 세 가지 차원에서 살펴볼 수 있습니다.

첫째, 『명심보감』에는 동양 인문학에서 필독서라고 간주되는 주요 고전이 총망라되어 있기 때문입니다. 잘 알려져 있는 『사기』, 『논어』, 『맹자』, 『노자』, 『장자』, 『대학』, 『중용』, 『한비자』 등은 물론이고, 동양 인문학을 폭넓게 이해하기 위해 반드시 거쳐야 하는 『공자가어』, 『소학』, 『순자』, 『시경』, 『서경』, 『근사록』, 『회남자』, 『열자』, 『한서』, 『정사 삼국지』, 『성리대전』, 『열녀전』 등에서 인용한 내용이 가득 담겨 있습니다. 『명심보감』에서 소개하는 책만 접해도 동양 고전 필독서를 모두 섭렵했다고 할 수 있을 만큼, 이 책은 동양 고전의 도서관과도 같습니다. 그런 점에서 『명심보감』은 처음 동양 인문학을 접하는 독자들도 쉽게 그 정수에 다가갈 수 있는 가이드북 역할을 할 수 있을 것입니다.

둘째, 『명심보감』은 동양 인문학의 모든 것, 즉 철학·역사·문학 등을 중심으로 주요 학자와 사상, 역사 인물과 사건을 다루고 있기 때문입니다. 공자와 맹자, 노자와 장자, 순자와 한비자 등 제자백가 사상에서부터 사마천과 반고 등 역사가, 제갈공명과 사마광 등 정치가, 당송팔대가 등 문학가, 촉나라 유비와 당나라 태종 등 역대 제왕, 주희와 주돈이 등 송나라의 성리학자들까지 3000년 중국사를 움직인 주요 인물과 사건 등을 통해 동양 인문학의 변천사를 살펴볼 수 있습니다. 고전을 통해 고대 춘추전국시대부터 송나라에 이르기까지 철학·역사·문학은 물론이고 정치·사회를 움직인 주요 인물과 그들에 얽힌 사건을 대략적이나마 섭렵할 수 있다는 점에서, 『명심보감』은 동양 인문학을 공부하려는 사람들을 위한 최고의 고전 입문서라고 할 수 있습니다.

인문학의 역할은 무엇이라고 생각하시나요? 인문학을 가장 단순하게 풀이한다면 '인간의 학문'이라고 말할 수 있습니다. 다시 말해 인간의 문제를 신의 시각과 관점이 아닌 인간의 시각과 관점에서 다루는 것이 인문학의 본질입니다. 『명심보감』은 동양 인문학이 인간의 문제를 어떻게 다루고 있는지, 우주·자연·세계와 인간의 관계를 어떻게 밝히고 있는지를 알려줍니다. 그런 점에서 근대 이후 세계를 지배해온 서양 인문학과 구별되는 동양 인문학의 주요한 특징을 『명심보감』을 통해 접할 수 있습니다. 이것이 『명심보감』을 동양 인문학의 정수를 모아놓은 최고의 입문서라고 자부하는 세 번째 이유라고 하겠습니다.

인간의 삶을 인문학의 중심에 놓은 불후의 명저

'명심보감明心寶鑑'을 풀이하면 '마음을 밝히는 보배로운 거울'이라는 뜻입니다. 마음은 우리의 삶을 주재하기 때문에, 마음을 밝히는 것은 곧 삶을 밝히는 것입니다. 인문학을 '인간의 학문'이라고 한다면, 인간 자신의 문제를 밝히지 못하는 인문학은 인문학이라고 할 수 없습니다. 인문학은 인간 자신의 문제, 다시 말해 '삶의 문제'를 밝히기 위해 존재하는 학문이기 때문입니다. 제가 『명심보감』을 동양 인문학의 최고 입문서라고 역설하는 또 다른 이유가 바로 여기에 있습니다. 『명심보감』은 삶에서 동떨어진 고담준론이 아니라 우리가 직면하는 무수한 '삶의 문제'에 대한 성찰과 지혜를 담고 있는 책입니다.

저는 앞서 언급했던 이유들만큼이나, '삶의 문제에 대한 성찰과 지혜'를 담고 있다는 점 또한『명심보감』의 큰 장점이라고 생각합니다. 이 점이 바로 최고의 동양 고전 입문서인『명심보감』속에서 현재 우리 '삶의 문제'에 대한 성찰과 지혜를 재발견한 다음 새롭게 구성해 이 책을 쓴 이유이기도 합니다.

『명심보감 인문학』은 기존『명심보감』의 구성을 답습하기보다는 인간의 문제를 중심으로 구성과 내용을 완전히 바꾸었습니다. 우리 삶의 문제를 밝히는 인문학 본연의 역할에 충실하고자 했기 때문입니다. 기존 구성에서 과감하게 벗어나 '성찰하는 삶에 대하여', '지혜로운 삶에 대하여', '실천하는 삶에 대하여', '몸과 마음을 다스리는 삶에 대하여'라는 주제를 중심으로 내용을 새로이 구성했습니다. 이러한 방법만이『명심보감』이 담고 있는 동양 인문학의 정수, 즉 우리가 직면하고 있는 삶의 문제에 대한 성찰과 지혜를 밝혀줄 수 있다고 생각했기 때문입니다.

새로운 책을 내놓을 때마다 매번 설렘과 두려움이 교차합니다. 이번 책 역시 독자들이 고민하는 삶의 문제를 풀어가는 데 조금이나마 도움이 될 수 있었으면 좋겠습니다. 저 또한 독자들과 마찬가지로 수많은 삶의 문제 앞에서 때로는 좌절하고 때로는 포기하고, 그러다가 다시 용기를 내어 살아가는 평범한 사람입니다. 그런 점에서 이 책이 단지 고전의 도덕적·교훈적·계몽적 이야기를 모아놓은 책이 아니라, 우리가 함께 부딪혀가면서 풀어나가야 하는 삶의 문제에 대해 고민하고 성찰하는 책으로 다가갔으면

합니다. 그것만이 『명심보감』과 같은 고전을 옛 방식으로 읽지 않고, 우리 시대가 필요로 하는 방식으로 새롭게 창조하는 길이기 때문입니다.

가을이 깊어가는 10월 말

안국역 뇌룡재 연구실에서

한정주

1부

성찰하는 삶에 대하여

2부

지혜로운 삶에 대하여

4부

몸과 마음을 다스리는 삶에 대하여

1부

성찰하는
삶에 대하여

악이 가득 차면 하늘이 죽인다

하늘의 명을 내세워 걸왕을 토벌한 탕왕

益智書云(익지서운) 惡鑵(악관)이 若滿(약만)이면 天必誅之(천필주지)니라.

『익지서』에서 말했다. "악의 두레박이 가득 차면 하늘이 반드시 죽일 것이다."

'지혜를 더하는 책'이라는 뜻을 지닌 『익지서』는 송나라 시대에 지어졌다고만 알려져 있을 뿐 지금은 전하지 않는 서적입니다. 중국사에서 '걸주'는 폭군의 대명사로 통하는 말입니다. '걸'은 중국사 고대 3왕조 중 하나라의 마지막 왕인 '걸왕'을 일컫고, '주'는 상나라(은나라)의 마지막 왕인 '주왕'을 가리킵니다. 걸왕은 탕왕에 의해, 주왕은 주나라의 무왕에 의해 죽임을 당했지요. 탕왕과 무왕이 각각 걸왕과 주왕을 왕위에서 내쫓고 죽일 때, 정치적 명분으로 내세운 것이 다름 아닌 '천명' 즉 '하늘의 뜻'이었습니다. 걸왕과 주왕에게 벌을 내려 죽인 것은 하늘이지 자신들이 아니라는 얘기입니다. 악한 짓이 온 세상에 가득 차 사람들의 원망과 분노가 넘쳐나면 반드시 하늘이 그를 죽인다는 이치에 따랐다는 것이지요. 자신들은 단지 하늘의 뜻을 좇아 포악무도한 걸왕과 주왕

명심보감 인문학

을 토벌했을 뿐이라는 논리입니다.

여기서는 포악한 걸왕과 그를 처단한 탕왕에 관한 이야기를 살펴보겠습니다. 기록에 따르면 걸왕은 몸집이 크고 당당하며 힘도 센 사람이었습니다. 단단한 뿔을 한 손으로 부러뜨리거나 구부러진 쇠갈고리를 가뿐하게 펼 수 있었다고 하지요. 그는 영웅호걸의 기개를 지녔지만, 성정이 매우 포악무도했습니다. 충언하는 신하들을 살해하고 총애하는 비妃 말희와 함께 방탕한 짓으로 날을 지새웠습니다. 걸왕과 말희의 엽기적인 행각으로 인해 국민들의 원성이 자자했지요. 일례로 이들은 말희가 비단 찢는 소리를 듣기 좋아한다 하여 나라 안의 곳간에 있는 온갖 아름다운 비단을 가져다가 한 필 한 필 찢으며 즐기기도 했다고 합니다.

탕왕은 하나라로부터 '상'이라는 땅을 봉지로 받아 대대로 다스려온 제후의 후손으로, 걸왕의 신하였지요. 탕왕은 걸왕이 극악무도한 정치와 괴이한 성 행각으로 인해 천하의 민심을 잃었다고 판단했습니다. 그래서 '하늘의 뜻(천명)'을 명분 삼아 걸왕을 토벌하기에 이릅니다. 그런데 탕왕은 신하의 신분인 제후로서 걸왕을 토벌하러 나서는 일이 세상 사람들로부터 빈축을 사지 않을까 두려웠습니다. 이에 그 까닭을 밝히는 글을 지어 온 세상에 공표했습니다. 이 글은「탕서」즉 '탕왕의 맹서'라는 제목으로『서경』에 실려 있습니다. 여기에서 탕왕은 이렇게 말합니다.

"나같이 보잘것없는 사람이 어떻게 반란을 도모하겠는가. 나는 감히 반란을 일으키려고 하는 것이 아니다. 나는 반란을 일으키고 싶지 않다. 하지만 걸왕의 죄가 너무나 커서 하늘이 내게 그를 정벌해 멸망시키라고 명하셨다. 나는 하늘이 두려워 그 명을 따라 세상을 바로잡지 않을 수가 없다."

「탕서」에 나오는 "유하다죄 천명극지有夏多罪 天命殛之" 곧 "하나라의 걸왕이 수많은 죄를 지어서 하늘이 그를 죽이라고 명하였다"라는 구절은, '악이 가득차면 하늘이 죽인다'는 이른바 천명사상을 증명하는 역사적 기록이라고 하겠습니다. 어쨌든 이렇게 해서 걸왕은 악한 짓이 가득 차 하늘에 의해 죽임을 당하고 나라를 멸망으로 이끈 중국사 최초의 제왕이라는 불명예스러운 인물로 길이길이 전해지게 되었습니다.

명심보감 인문학

재주 있는 사람은
재주 없는 사람의 노예가 되기 쉽다

태공임이 공자에게 쓸모없는 사람이 되라고 한 이유

巧者(교자)는 拙之奴(졸지노)요, 苦者(고자)는 樂之母(낙지모)니라.

재주가 공교한 사람은 재주가 졸렬한 사람의 노예고, 괴로움은
즐거움의 어머니다.

재주가 뛰어난 사람은 그 재주 때문에 많은 일을 하게 됩니다. 반
면 재주가 서투른 사람은 할 수 있는 일이 별로 없지요. 만약 재주
가 뛰어난 사람과 재주가 서투른 사람이 함께 있다면, 누가 더 많
은 일을 하게 되고 누구의 심신이 더 수고롭게 될까요? 당연히 재
주가 뛰어난 사람일 것입니다. 『명심보감』은 이러한 까닭으로 재
주가 공교巧敎하면 재주가 졸렬한 사람의 노예가 되기 쉽다고 말
하고 있습니다. 이렇게 본다면 재주가 공교한 사람보다는 차라리
재주가 졸렬한 사람이 낫다고 할 수 있겠습니다. 이 말은 다르게
해석하면, 곧 '쓸모 있음'보다는 오히려 '쓸모없음'이 더 낫다는
의미가 됩니다. 어떻게 쓸모 있음보다 쓸모없음이 더 낫다고 할
수 있느냐고요? 『장자』의 「산목편山木篇」에 실려 있는 공자와 태공
임의 대화를 통해 이 말에 담긴 뜻을 한번 살펴보겠습니다.

공자가 천하를 주유하던 시기에 진나라와 채나라 사이 국경에서 발이 묶이는 바람에 무려 일주일 동안이나 제대로 된 음식을 먹지 못하는 곤란을 겪던 때가 있었습니다. 이때 태공 벼슬을 하는 '임'이라는 사람이 공자를 위로하러 찾아왔습니다. 당시 공자가 초나라로 가는 것을 두려워하던 진나라와 채나라는 공자를 들판에 억류한 채 굶주림의 고통과 죽음의 위험으로 몰아넣고 있었습니다. 이 사실을 잘 알고 있던 태공임은 공자에게 곧 죽게 될 것이라고 알려주었습니다. 공자는 이미 자신도 잘 알고 있다고 했지요. 뒤이어 태공임이 공자에게 죽기 싫으냐고 물었고, 공자는 그렇다고 답했습니다. 그러자 태공임은 공자에게 죽지 않을 방법을 알려주겠다면서 이렇게 말했습니다.

"동해에는 아무 생각 없이 살아가는 '의태'라는 새가 있습니다. 그 새는 날려고 날갯짓도 하지 않다가 다른 새들이 날자고 하면 날아갑니다. 또한 다른 새들이 괴롭히면 괴로움을 즐거움 삼아 그냥 둥지에서 쉬곤 합니다. 나아갈 때는 절대로 다른 새들보다 앞서 날지 않고, 물러설 때는 절대로 다른 새들보다 뒤에 있지 않습니다. 먹이를 먹을 때에도 절대로 다른 새들보다 먼저 먹지 않고, 반드시 차례를 지켜서 먹이를 취하지요. 이러한 까닭에 이 새는 무리에서 배척당하지 않고, 또 사람들에게 잡혀서 죽음을 맞는 해로움을 입지도 않습니다. 이렇듯 쓸모없는 존재로 살고 괴로움을 즐거움으로 삼을 줄 알기 때문에 어려움을 면하고 죽음을 피할 수 있는 것입니다. 곧게 자라 좋은 재목감이 된 나무는 먼저 잘리게 되고, 반대로 굽어 자라 쓸모없는 나무는 오래 사는 법입니다.

명심보감 인문학

또한 맛있는 우물물은 먼저 마르게 되지만, 맛없는 우물물은 오랫동안 마르지 않는 법이지요."

이 말은 곧게 자라 좋은 재목감이 된 나무가 먼저 잘리고, 맛있는 우물물이 먼저 마르게 되는 것처럼, 사람 역시 '쓸모 있음' 때문에 타고난 운명보다 먼저 비명횡사할 수 있다는 뜻이었습니다. 지금 공자가 목숨을 잃을 수도 있는 절체절명의 위기를 맞고 있는 이유는 진나라와 채나라가 초나라에서 공자의 '쓸모 있음'을 얻게 되면 자신들이 어려움에 처하게 될 것이라는 공포심을 가지고 있기 때문이었습니다. 그러므로 태공임의 말은, 불행의 원인은 다른 무엇도 아닌 공자의 '쓸모 있음' 곧 '공교한 재주와 지혜'라는 암시였지요. 다시 말해, 태공임은 공자에게 '쓸모 있음'을 버리고 '쓸모없음'을 취해야 비로소 목숨을 건질 수 있다고 조언한 것입니다. '쓸모' 때문에 목숨을 잃고 '무용함' 덕분에 목숨을 건질 수 있다면, 마땅히 '쓸모 있음'보다 '쓸모없음'이 더 낫다고 할 수밖에 없지 않을까요? 이 이야기를 통해서도 알 수 있듯이, '재주가 공교한 것'보다는 차라리 '재주가 졸렬한 것'이 생명을 온전히 유지하는 데 때론 훨씬 더 도움이 됩니다.

그렇다면 태공임의 조언을 들은 공자는 어떻게 행동했을까요? 공자는 '쓸모없는 사람'이 되기 위해 알고 지내던 사람들은 물론 제자들조차 멀리한 채 큰 연못가에 숨어서 가죽옷과 거친 베옷을 입고 도토리를 주워 먹으며 살았다고 합니다. 그러자 짐승 무리 속에 들어가 살아도 배척당하지 않았고, 새 무리 속에 들어가 지내도 외면당하지 않았지요. 『장자』에서는 이러한 공자의 삶에 대해, "짐승과 새도 싫어하지 않는데, 하물며 사람들이 싫어하겠는가?"라고 논평했습니다. 물론 『장자』의 기록은 우화일 뿐 실제 공자가 그렇게 산 것은 아닙니다. 장자는 '재주가 출중하고 능력이 뛰어난 사람'으로 살려고 하면 바로 그 재주와 능력 때문에 쉽게 불행을 만날 수 있지만, 그 반대의 경우에는 오히려 온전한 삶을 유지할 수 있다는 메시지를 전달할 목적으로, 우화의 형식을 빌려 교훈을 주는 이야기를 지어냈다고 하겠습니다.

명심보감 인문학

가난하면 저잣거리에 살아도 찾는 사람이 없지만, 부유하면 깊은 산속에 살아도 사람이 찾아온다

변소와 창고의 쥐를 보고 삶의 이치를 깨달은 이사

貧居鬧市無相識(빈거요시무상식)이요, 富住深山有遠親(부주심산유원친)이니라.

가난하면 시끌벅적한 저잣거리에 살아도 서로 아는 사람 하나 없지만, 부유하면 깊은 산속에 살아도 먼 친척이 찾아온다.

역사가들을 대상으로 진시황의 천하통일을 도운 가장 중요한 공신을 뽑는 투표를 한다면 어떤 결과가 나올까요? 아마도 많은 사람들이 '이사'에 한 표를 던질 것입니다. 이사는 한비자와 함께 순자의 문하에서 공부했습니다. 그런데 『사기』의 「이사열전」을 읽어보면, 이사는 지방 관청의 하급 관리였을 때부터 그 정치적 야심과 야망이 남달랐음을 알 수 있습니다. 그것을 잘 보여주는 사례가 '변소의 쥐'와 '창고의 쥐'에 대한 일화입니다.

초나라 상채 출신의 이사는 젊은 시절 지방 관청의 하급 관리로 일했습니다. 그는 관청 변소의 쥐들이 작고 좁고 더러운 공간 안에서 더러운 것을 먹다가, 더러 사람이나 개가 가까이 다가오는 기척이라도 나면 두려워 벌벌 떨고 놀라 달아나는 모습을 자주 지켜보았습니다. 그런데 창고의 쥐들은 크고 넓고 먹을거리가 가득 쌓인 창고에서 입에 맞는 것을 멋대로 넉넉하게 먹으면서, 사람이나 개가 가까이 다가가도 별 신경 쓰지 않고 여유롭게 사는 것이 아닙니까! 이 모습을 지켜보던 이사는 크게 탄식하며 이렇게 말했습니다.

"사람이 어리석고 궁색한 것과 현명하고 여유로운 것은 비유하자면 마치 변소의 쥐와 창고의 쥐 같은 것이구나. 자신이 처해 있는 환경과 처지에 따라 달라지는 것일 뿐이니."

이사는 변소의 쥐와 창고의 쥐에 비교하여, 사람의 가난함과 궁색함 그리고 부유함과 여유로움의 차이는 그 사람의 처지와 환경에 달려 있을 뿐이라는 사실을 깨우친 것입니다. '사람이 가난하면 마치 변소의 쥐처럼 마음이 궁색해져서 평생 남의 눈치나 보며 비굴하게 살아야 하지만, 부유한 사람은 마치 창고의 쥐처럼 마음이 넉넉하고 여유로워서 자신이 뜻한 대로 마음껏 살 수 있다.' 이때 이사는 이러한 세상의 이치를 깨달았습니다.

그 후 이사는 아무런 미련 없이 하급 관리직을 내던지고, 즉시 당대 최고의 학자였던 순자를 찾아가 천하를 다스리는 제왕의 기술을 배우고 익혔습니다. 이사가 제왕의 기술을 배우고 익힌 까닭은 오직 천하제일의 부귀와 권력을 거머쥐고 있는 제왕에게 중용되어 창고의 쥐처럼 권세와 부귀영화를 누리며 살기 위해서였습니다. 그래서 공부를 마친 이사는 고향인 초나라를 버리고 당시 가장 부유하고 강성한 나라였던 진나라의 제왕(훗날의 진시황)을 찾

명심보감 인문학

아가기로 결심했습니다. 스승에게 작별인사를 드리러 간 이사는 자신의 뜻을 이렇게 밝혔습니다.

"사람으로서 가장 부끄럽게 여겨야 할 일은 지위가 낮은 것이고, 사람으로서 가장 슬퍼해야 할 일은 경제적으로 궁핍한 것입니다. 오랜 세월 지위가 낮고 경제적으로 궁핍한 처지에 있으면서도 부귀를 비난하고 이익과 영화를 미워하는 것은 스스로 아무것도 하지 않는 일일 뿐입니다."

여기서 소개한 『명심보감』의 구절대로, 세상의 인심이란 가난하고 궁색한 사람은 아무리 가까이 있어도 멀리하는 반면, 부유하고 여유로운 사람은 아무리 멀리 있어도 가까이하는 법입니다. 이사는 '변소의 쥐'와 '창고의 쥐'를 통해 이러한 이치를 깨달은 다음, 일찍부터 가난하고 궁색한 처지에서 벗어날 목적으로 제왕의 주변에서 부귀와 이익과 영화를 얻을 수 있는 삶을 선택했습니다. 그리고 실제 진나라에서 오늘날의 국무총리에 해당하는 승상이 되고 천하통일의 일등 공신이 되어, 진시황 다음으로 천하에서 가장 부유하고 여유로운 사람으로 성공할 수 있었습니다. 그렇다면 이사의 마지막 모습 또한 가장 부유하고 여유로웠을까요? 그렇지 않았습니다. 오히려 가장 궁색한 처지에 내몰려서 비참한 최후를 맞았습니다. 말년에 접어들면서 권력을 잃지 않으려는 욕망과 부귀를 지키려는 욕심을 부려, 진시황 사후에 환관 조고의 흉계에 말려들었기 때문이지요. 사마천은 「이사열전」에서 탁월한 문장력을 발휘해 이사의 성공과 몰락을 그 어떤 인물의 열전보다 드라마틱하게 기록하고 있습니다.

사람의 얼굴은 알 수 있다 해도, 사람의 마음은 알기 어렵다

혼란과 불신의 시기를 살았던 시인 두순학

畵虎畵皮難畵骨(화호화피난화골)이요, 知人知面不知心(지인지면부지심)이니라. 對面共話(대면공화)하되 心隔千山(심격천산)이니라. 海枯終見底(해고종견저)나 人死不知心(인사부지심)이니라.

호랑이를 그린다고 해도 가죽은 그릴 수 있지만 뼈는 그리기 어렵고, 사람을 안다고 해도 얼굴은 알 수 있지만 마음은 알 수 없다. 얼굴을 마주 보고 함께 이야기를 나눈다고 해도 마음은 천 개의 산이 겹겹이 가로막고 있다. 바다는 마르면 마침내 그 바닥을 볼 수 있지만, 사람은 죽어도 그 마음을 알 수 없다.

위 인용구의 마지막 문장은 당나라 말기 때 활동한 저명한 시인 두순학의 시 「감우」의 한 구절입니다. '감우'는 '감흥이 일어나 시에 붙여'라는 뜻이지요. 두순학은 이십 대 초반부터 과거급제를 통해 입신출세하려고 힘썼지만, 서른한 살이 되어서야 겨우 과거시험을 치를 수 있었습니다. 낙방한 이후에는 실의와 좌절에 빠져 전국을 방황하고 다녔고, 한때는 은둔생활까지 했습니다. 그 와중에도 입신출세에 대한 미련만은 차마 버리지 못해 여러 차례 과거시험을 봤지만 매번 낙방의 고배를 마셨습니다.

명심보감 인문학

두순학은 마흔다섯이 돼서야 비로소 8등으로 급제할 수 있었습니다. 그러나 당나라 말기의 정치적·사회적 혼란 때문에 바로 관직을 받지 못했고, 자의반 타의반으로 다시 낙향해 현재 중국 안휘성 지역의 구화산에서 은거생활을 했습니다. 그 후 벼슬자리를 얻어 지방에서 관직생활을 하다가, 주전충이 당나라를 멸망시키고 양나라를 세우자 한림학사, 주객원외랑 등의 관직을 제수받아 활약했습니다. 그러나 이마저도 오래가지 못했는데, 곧 세상을 떠나고 말았기 때문입니다.

거듭된 과거 낙방 때문에 쌓인 울분, 실의와 좌절에 빠져 떠난 전국 유랑, 패배감으로 세상을 등졌던 은둔생활, 농민봉기 '황소의 난'과 같은 당대 말의 혼란 등 두순학의 삶은 불행과 불운의 연속이었다고 해도 과언이 아닙니다. 특히 민란이 창궐하고 왕조가 교체되는 격동의 시기에는 하루아침에 세상과 사람이 뒤바뀔 수 있는 환경 속에서 살아가야 하기 때문에, 아무리 가까운 사람이라고 해도 그 속마음을 알기가 어려운 법이지요. 『명심보감』에서 인용하고 있는 「감우」는 두순학의 이런 인생 경험과 깊게 관련되어 있습니다. 이 시는 오언절구의 형식을 취하고 있어, 다섯 글자를 한 행으로 하여 총 네 개의 행으로 구성되어 있습니다. 이 시의 전문을 소개하면 아래와 같습니다.

大海波濤淺(대해파도천) 대해의 파도는 얕지만

小人方寸深(소인방촌심) 소인의 마음은 깊다네.

海枯終見底(해고종견저) 바다는 마르면 마침내 그 바닥을 볼 수

있지만

人死不知心(인사부지심) 사람은 죽어도 그 마음을 알 수 없다네.

　이 시는 대해의 파도와 소인의 마음, 바다와 인간을 대조하여 내용을 전개합니다. 그리고 드넓은 바다의 큰 파도는 오히려 얕아서 알기 쉬운 반면, 소인의 좁은 마음은 오히려 깊어서 알기 어렵다고 말하고 있습니다. 아무리 도량이 좁은 사람이라고 해도 그 마음을 깊숙이 숨기면, 비록 성현이라고 해도 도저히 알 도리가 없다는 뜻이지요. 또한 아무리 넓고 깊은 바다라고 해도 마르면 그 바닥을 알 수 있는 반면, 사람의 마음은 '방촌' 즉 한 치 사방의 넓이밖에 되지 않지만 죽은 다음에도 알 수 없다는 얘기입니다. 혼란과 불신이 횡행하는 당나라 말기를 살았던 두순학의 처지에서는 죽을 때까지, 아니 죽어서도 도대체 알 수 없는 것이 사람의 마음이었던 셈입니다.

정도에서 벗어나는 즐거움을 누렸다면 다가올 근심을 걱정하라

도리에 벗어난 방법으로 권세를 얻은 주보언의 말로

既取非常樂(기취비상락)이어든 須防不測憂(수방불측우)니라.

이미 정상에서 벗어나는 즐거움을 누렸다면 모름지기 예기치 않게 다가올 근심에 대비하라.

한나라 무제 때 제나라 수도 임치에 주보언이라는 사람이 살았습니다. 그는 여러 학자들과 교류했지만 제대로 예우를 받지 못했습니다. 집안이 가난해서 돈을 빌리려고 해도 빌려주는 사람이 없었고, 능력을 알아봐 줄 사람을 찾아 이곳저곳을 전전하고 다녔지만 성과가 없었지요. 이 때문에 그는 나그네 신세를 벗어나지 못한 채 몹시 곤란하고 궁색하게 지냈습니다.

그렇게 지내던 주보언은 서쪽 관중으로 들어간 다음, 전한의 장군 위청의 도움을 받아 여러 차례 무제에게 자신을 추천했습니다. 하지만 역시 부름을 받지 못하자, 직접 글을 써서 무제의 최대 근심사였던 법령과 흉노 토벌에 관한 상소문을 올렸지요. 주보언의 글을 본 황제는 크게 흡족해하며 그를 발탁했습니다. 이때부터 주보언은 아침에 글을 올리고 저녁에 황제를 알현하는 영광을 누리게 되었습니다. 당시 그는 위황후 존립에 관한 일이나 연나라의 왕 유정국의 숨겨진 사생활 등 다른 사람의 비밀스러운 일을 들춰내 황제에게 밝히는 방법으로 공을 세우고 총애를 받았습니다. 이 때문에 조정의 대신들은 그가 자신들에 관해 황제에게 어떤 말을 할지 몰라 두려워하며, 수천 금의 뇌물을 보내 그의 환심을 사려고 했습니다.

하루가 다르게 권세가 커지고 재물이 불어나자 주보언의 횡포는 더욱더 극렬하고 악랄해졌습니다. 어떤 사람이 "그대의 횡포가 너무 심하다고 생각하지 않으십니까?"라고 질책하자, 그는 이렇게 말했습니다.

"나는 사십 년 넘게 이곳저곳 떠돌아다니며 배웠으나, 뜻을 이루지 못하고 사람다운 대접도 받지 못한 채 오랜 세월 곤궁하게 지냈습니다. 대장부로 태어나서 부귀영화를 누려보지 못한다면 살아 있다 한들 무엇 하겠습니까? 나의 처지는 해가 저물고 있는데 갈 길은 아직 먼 형세와 같습니다. 그러므로 도리에서 벗어난 난폭한 방법을 통해서라도 서둘러 일을 처리해야 합니다."

바로 주보언의 이 말에서 '정상적인 도리를 따르지 않고 서둘러서 일을 처리한다'는 뜻의 '도행폭시倒行暴施'라는 고사성어가 나왔습니다. 이 말은 『사기』의 「평진후·주보열전」에 실려 있지요.

그렇다면 이렇게 도리에서 벗어나는 방법으로 큰 권세와 막대한 재물을 얻어서 부귀영화의 즐거움을 누렸던 주보언의 말로는 어땠을까요? 주보언은 예전에 고향 제나라에서 당했던 수모와 굴욕을 앙갚음할 목적으로 당시 제나라의 왕 유차경의 음란한 생활과 방탕한 행동을 무제에게 고발해 마침내 제나라의 재상으로 임명받았습니다. 제나라로 간 뒤에는 유차경을 위협해 끝내 자살에 이르게 했지요. 무제는 유차경이 주보언의 위협에 못 이겨 스스로 목숨을 끊었다는 소식을 듣고 크게 분노했습니다. 그때서야 그동안 주보언의 권세 앞에 움츠리고 있던 조정 안팎의 여러 사람들이 그가 저지른 횡포와 죄악을 황제에게 발설하기 시작했습니다. 결국 황제는 주보언을 처형하라는 간언과 탄원에 따라 주보언은 물론이고 일족까지 몰살시켰습니다. 주보언이 황제에게 총애를 받고 있을 때 그의 집안에 드나드는 빈객은 수천 명에 달했습니다. 하지만 주보언과 그의 일족이 몰살당하자 그들의 시신을 거둬 묻어주려는 사람이 단 한 사람도 나타나지 않았다고 합니다.

만약 정상적인 도리에서 벗어나는 방법으로 즐거움을 누렸다면 반드시 위태로움이 닥쳐올 것이라는 사실을 잊지 말아야 합니다. 닥쳐올 위태로움을 생각하지 않고 계속해서 정도에서 벗어나는 즐거움을 누리려고 한다면, 주보언처럼 비참한 최후를 피하기 어렵다는 사실을 명심해야 합니다.

사랑을 받을 때는 욕됨을, 편안하게 살 때는 위태로움을 생각하라

잘생긴 외모로 영공의 총애를 받았던 미소년 미자하

得寵思辱(득총사욕)하고 居安慮危(거안려위)하라. 榮輕辱淺(영경욕천)이요, 利重害深(이중해심)이니라.

총애를 받고 있을 때는 욕됨을 생각하고, 편안하게 거처하고 있을 때는 위태로움을 생각하라. 영예가 가벼우면 욕됨도 적고, 이익이 무거우면 해로움도 크다.

『논어』 15편의 편명은 「위령공」입니다. '위령공'은 춘추시대 위나라의 영공을 가리킵니다. 물론 『논어』의 편명은 그 편의 주제로 정한 것이 아니라, 편의상 그 편에 가장 먼저 나오는 단어를 이름으로 삼았기 때문에 큰 의미는 없다고 할 수 있습니다. 그러나 어쨌든 유가의 최고 경전인 『논어』의 한 편에 가장 먼저 등장할 정도로 위나라 영공은 유명 인물이었습니다. 다만 그는 음란하고 방탕한 생활과 권력 쟁탈 등을 일삼은 무도無道한 임금으로 크게 악명을 얻은 인물입니다. 그 사례로 전국시대 한비자가 저술한 제자백가서인 『한비자』의 「세난편說難篇」에 실려 있는 '영공과 미소년 미자하'에 얽힌 이야기를 들 수 있습니다.

미자하는 잘생긴 외모 덕분에 일찍부터 영공의 총애를 받았다고 합니다. 미자하에 대한 영공의 사랑이 얼마나 각별했던지, 그가 하고 싶다면 하지 못할 일이 없을 정도였습니다. 어느 날 밤, 미자하가 궁궐에 있는데 어떤 사람이 어머니가 위중하다고 알려 주었습니다. 이때 미자하는 임금의 명을 사칭해 슬쩍 임금의 수레를 타고 집에 다녀왔습니다. 당시 위나라의 법에 따르면, 임금의 수레를 함부로 탈 경우 발을 자르는 형벌에 처하도록 되어 있었습니다. 그런데 영공은 미자하가 몰래 자신의 수레를 탔다는 소식을 듣고도 오히려 "미자하는 효자로구나. 발을 잘리는 끔찍한 형벌조차 깜빡 잊을 정도로 어머니를 사랑하는 효심이 특별하다니!"라며 크게 칭찬했습니다. 어떤 날에는 미자하가 영공과 함께 궁궐 정원을 산책하다가 탐스럽게 익은 복숭아를 발견했습니다. 그리고 복숭아를 따서 먼저 한 입 먹은 다음, 맛이 아주 달다며 영공에게 건넸습니다. 당시 신하들은 '임금을 무시한 방약무도한 짓'이라며 미자하를 처벌해야한다고 간언했습니다. 그러나 이때도 영공은 "오죽이나 과인을 사랑했으면, 그 맛있는 복숭아를 과인에게 맛보라고 권했겠는가?"라면서 미자하를 두둔하며 크게 칭찬했습니다. 이 때문에 미자하는 점점 더 하늘 높은 줄 모르고 방자해져서 함부로 권세를 부리고 다녔습니다.

　　하지만 '화무십일홍 권불십년花無十日紅 權不十年'이라고 하지 않았던가요? 세월이 흘러 미자하가 나이가 들면서 미색이 쇠퇴하자 영공의 총애 역시 식고 말았습니다. 결국 영공은 미자하에게 죄를 물어 궁궐에서 내쫓았습니다. 그런데 이때 영공이 죄목으로 삼은 것은 다름 아닌 과거의 일이었습니다. 즉 미자하가 자신의 수레를 몰래 이용한 일과 먹다 남은 복숭아를 자신에게 건넨 일이었지요. 당시 영공은 이렇게 말했다고 합니다.

"미자하 이놈은 예전에 과인의 수레를 몰래 훔쳐 탔고, 또한 자기가 먹다 남긴 더러운 복숭아를 함부로 건넨 자다."

영공에게 총애를 받을 때는 크게 칭찬을 받았던 미자하의 행동이 총애를 잃고 나서는 오히려 죄가 되어 쫓겨나는 빌미로 둔갑한 꼴입니다. 이 사건을 두고 한비자는 이렇게 평가했습니다.

"미자하의 행동에는 조금도 변함이 없었지만 예전에는 임금에게 크게 칭찬을 받았고 나중에는 크게 벌을 받았다. 그 까닭은 사랑하고 미워하는 임금의 마음이 변했기 때문이다."

이 일화는 임금의 총애가 지극할수록 오히려 그 총애가 식었을 때 찾아올 욕됨과 위태로움을 생각하고 더욱 공손하고 겸손하게 처신해야 하며, 그렇게 해야만 비로소 일신을 보존할 수 있음을 말해줍니다.

자신을 굽히는 사람과
남을 이기기 좋아하는 사람

대업을 위해 치욕을 참고 견딘 한신

景行錄云(경행록운) 屈己者(굴기자)는 能處重(능처중)하고 好勝
者(호승자)는 必遇敵(필우적)이니라.

『경행록』에서 말했다. "자신을 굽히는 사람은 중요한 자리에 오
를 수 있고, 다른 사람을 이기기 좋아하는 사람은 반드시 적수를
만나게 된다."

"자신을 굽히는 사람은 중요한 자리에 오를 수 있다"라는 구절에
가장 적합한 인물로 누구를 꼽을 수 있을까요? 바로 유방이 천하
통일을 하는 데 가장 큰 기여를 한 명장 한신입니다. 한신 하면 누
구나 쉽게 떠올리는 말이 '토사구팽兎死狗烹'이지요. 천하통일을 한
다음 한신의 재능과 세력을 두려워한 유방이 그를 제거하는 과정
에서 유명해진 고사성어로, '토끼사냥이 끝나면 사냥개를 잡아먹
는다'는 의미입니다. 한편, 한신이 아직 재능을 알아주는 주군을
만나지 못해 남을 따라다니며 밥과 술을 빌어먹고 사는 신세에 있
던 때, 즉 입신출세하기 전 한신에게서 나온 고사성어가 '과하지
욕跨下之辱'입니다.

1부 성찰하는 삶에 대하여

037

한신의 고향인 회음 사람들은 이 집 저 집 기웃거리며 구걸하는 한신을 몹시 못마땅하게 여겼습니다. 그러던 어느 날, 한량 주제에 장대한 키에 칼을 차고 다니는 한신의 모습을 업신여긴 한 젊은 건달이 길을 탁 막고 시비를 걸었습니다. 그러면서 "네놈이 나를 두려워하지 않으면 그 칼로 나를 찌르고, 두려워한다면 내 가랑이 사이로 기어서 지나가라"라고 위협했지요. 한참 동안 상대를 물끄러미 쳐다보던 한신은 별반 주저함 없이 그의 가랑이 사이로 기어서 지나갔습니다. 이 일이 있은 후 회음 사람들은 더욱 한신을 비웃고 경멸하게 되었습니다. '과하지욕'이란 바로 한신이 젊은 건달의 가랑이 사이를 기어서 지나간 치욕을 가리키는 말입니다. 한신이 이렇게 한 까닭은 무엇일까요? 작은 일을 참고 견디며 자신의 몸과 마음을 보전할 줄 알아야 비로소 뜻을 이룰 수 있다고 생각했기 때문입니다. 쉽게 말해, 사소한 일에 목숨을 걸 필요가 없다는 얘기고, 큰일을 이루기 위해서는 치욕을 참고 견뎌내야 한다는 얘기이기도 합니다. 이 점에 대해서는 공자 역시 "소불인즉난대모小不忍則亂大謀"라는 말을 남겼습니다. "작은 일을 참지 못하면 큰 뜻을 잃어버리게 된다"라는 뜻이지요.

　"호승자 필우적" 곧 "다른 사람을 이기기 좋아하는 사람은 반드시 적수를 만나게 된다"라는 구절은 "백전백승 비선지선자야百戰百勝 非善之善者也" 곧 "백 번 싸워서 백 번 이기는 것은 최선이라고 할 수 없다"라는 『손자병법』의 경구를 떠올리게 합니다. 『명심보감』과 『손자병법』의 가르침은 '이기기를 좋아하고 싸울 때마다 이기는 사람은 위태롭다'라는 뜻으로 해석할 수 있습니다. 그렇다면 그런 사람은 왜 위태로울까요? 신이 아닌 이상 그도 언젠가는 반드시 제대로 된 적수를 만나 패배하게 될 것이기 때문입니다. 그러할 경우 그는 이기는 방법만 알 뿐 지는 방법을 몰라서 자칫 몰락의 구렁텅이로 추락할 수 있지요. 『명심보감』의 이 경구는 '훌륭한 행실의 기록'이라는 뜻의 『경행록』에서 발췌한 것입니다. 『명심보감』은 종종 『경행록』의 내용을 소개하고 있는데요, 송나라 때 간행된 책으로 알려진 『경행록』은 현재는 전해지지 않습니다.

하늘에 죄를 지으면
용서를 빌 곳조차 없다

공자, 위나라의 실권자 왕손가의 제안을 거절하다

子曰(자왈) 獲罪於天(획죄어천)이면 無所禱也(무소도야)니라.

공자가 말했다. "나쁜 짓을 해서 하늘에 죄를 지으면 빌 곳조차 없다."

공자는 쉰 살이 되어야 비로소 '지천명', 즉 하늘의 뜻을 깨닫게 되고 나라와 백성을 다스릴 수 있다고 했습니다. 실제 공자는 쉰 살 이후에 벼슬길에 나가, 고향인 노나라에서 오늘날의 법무부장 관에 해당하는 대사구까지 올랐습니다. 그러나 쉰다섯 살 때 당시 노나라의 권력자였던 계환자와 정치적으로 충돌을 빚으면서 관직에서 물러났지요. 그 뒤 공자는 제자들을 거느리고 노나라를 떠나 천하를 주유하게 됩니다. 여기 공자의 말은 그가 천하를 떠돌아다니던 중 위나라에 갔을 때 만난 왕손가와의 대화 도중에 나온 것입니다. 당시 위나라의 군권을 장악하고 있던 실권자 왕손가는 공자를 찾아와 이렇게 말합니다.

"안방의 아랫목 신을 섬기느니 차라리 부뚜막 신을 섬기는 것이 낫다는 말이 있는데 무슨 뜻입니까?"

이때 아랫목 신은 위나라의 군주를 비유한 것이고, 부뚜막 신은 실권자인 왕손가 자신을 비유한 것입니다. 부뚜막에서 불을 피워서 안방의 아랫목이 따뜻해지는 것이니, 위나라의 권력은 부뚜막 신인 자신에게 있지 아랫목 신인 군주에게 있지 않다고 에둘러 표현한 것이지요. 다시 말해, 형식적인 권력에 불과한 위나라의 군주를 섬기는 것보다 실질적인 권력을 쥐고 있는 자신을 섬기는 것이 더 나을 것이라는 은밀한 제안을 한 것입니다. 이에 공자는 "하늘에 죄를 지으면 빌 곳조차 없습니다"라는 답변으로 왕손가의 제안을 정중하지만 단호하게 거절했습니다.

공자는 자기 시대의 혼란과 분열이 '천자가 천자답지 못하고, 제후가 제후답지 못하고, 신하가 신하답지 못하고, 백성이 백성답지 못하기 때문'이라고 생각했습니다. 즉 천자는 천자답고, 제후는 제후답고, 신하는 신하답고, 백성은 백성다운 것이야말로 공자가 추구한 이상적인 질서이자 가치였지요. 그것은 공자가 생각한 '천명' 곧 하늘의 뜻이기도 했습니다. 그런 점에서 공자에게는 위나라 군주가 행사해야 할 권력을 신하인 왕손가가 행사한다는 것 자체가 천하의 질서를 혼란스럽게 만들고 하늘의 뜻을 어그러뜨리는 일이었습니다. 그래서 왕손가의 제안에 대해 그것은 하늘에 죄를 짓는 일, 즉 결코 있을 수도 없고 있어서도 안 되는 일이라고 답변했던 것입니다. 왕손가와 공자의 대화는 『논어』의 「팔일편八佾篇」에 실려 있습니다.

사람 마음 독하기가
마치 독사와 같구나

도굴꾼 출신 관리 왕온서의 비참한 말로

堪歎人心毒似蛇(감탄인심독사사)니 誰知天眼轉如車(수지천안
전여거)요, 去年妄取東隣物(거년망취동린물)하더니 今日還歸北
舍家(금일환귀북사가)라. 無義錢財湯潑雪(무의전재탕발설)이요,
儻來田地水推沙(당래전지수추사)니라. 若將狡譎爲生計(약장교
휼위생계)면 恰似朝開暮落花(흡사조개모락화)라.

한탄스럽다! 사람의 마음 독하기가 마치 독사와 같구나. 누가 알
겠는가! 하늘의 눈이 마치 수레처럼 돌아가고 있다는 것을. 작년
에는 망령 되게 동쪽에 사는 이웃집의 물건을 빼앗아 오더니, 올
해에는 다시 북쪽에 사는 이웃집으로 돌아가는구나. 의롭지 않은
금전과 재물은 끓는 물에 뿌린 눈이나 다름없고, 뜻밖에 얻은 논
밭은 물에 밀려온 모래나 다름없다. 만약 교활한 속임수로 생계
를 삼으려고 한다면, 흡사 아침에 피었다가 저녁에 지는 꽃과 같
을 것이다.

옛말에 '가혹한 관리가 호랑이보다 더 무섭다'고 했습니다. 그래
서일까요? 사마천은 『사기』에 가혹함과 포악함으로 악명을 떨친
관리 열두 명에 관해 기록한 「혹리열전」을 남겼습니다. 이 열두
명의 관리 중 가혹함과 포악함으로 제일가는 자를 뽑자면, 한나라

무제 때 사람인 왕온서가 단연 으뜸입니다. 그는 자신의 관직을 이용해 독사나 사나운 매처럼 잔인한 방법으로 사람들을 핍박하고 수탈했고, 더럽고 부정한 방법으로 천금의 재물을 모아 마음껏 부귀영화를 누렸습니다. 그렇다면 그의 말로는 과연 여기 『명심보감』에 쓰인 대로 '아침에 피었다가 저녁에 지는 꽃'처럼 허망하고 비참했을까요? 아니면 악명과 악행에도 불구하고 죽을 때까지 권세를 부리며 호사스럽게 살았을까요?

왕온서는 젊었을 때 다른 사람의 무덤을 도굴하는 간악한 도적이었는데, 어찌 된 영문인지 몰라도 고향인 양릉현에서 관리가 되었습니다. 그는 도적을 잘 잡아들여 승진에 승진을 거듭해 광평군의 도위가 되었습니다. 특히 십여 명에 이르는 자신의 심복을 잘 부려서 잡고 싶은 도적을 마음대로 잡아들였습니다. 그리고 체포한 도둑이 비위를 잘 맞추면 백 가지 죄를 지었다고 해도 처벌하지 않았지만, 그렇지 못할 경우에는 과거의 죄까지 찾아내 죽이고 심지어 그 일족까지 몰살하는 만행을 서슴지 않았습니다. 이 때문에 천하의 도적들이 광평군에 감히 가까이 오지 못했고, 그곳의 백성들은 길에 떨어진 물건도 함부로 줍지 않았습니다. 이렇게 왕온서에 대한 소문이 천하에 가득 퍼져 결국 무제의 귀에까지 들어가게 되었습니다. 무제는 왕온서의 유능함을 크게 칭찬하고 하내군의 태수로 승진시켰습니다. 하내군에 부임한 왕온서는 부와 권세를 거머쥐고 있던 지역 호족, 그들과 관계된 1000여 가구를 처벌했습니다. 한나라 때는 법령에 따라 대개 입추가 지난 후부터 입춘이 오기 전까지만 사형을 집행할 수 있었습니다. 사람을 죽이는 일로 자신의 권세와 위엄을 부리는 것을 좋아했던 왕온서는, 겨울을 한 달 늦춰서 입춘을 미룬다면 더 많은 사형을 집행할 수 있을 텐데 그럴 수 없다는 사실을 무척이나 아쉬워했다고 합니다.

왕온서가 가혹하고 잔인한 방법으로 백성들을 다스릴수록 유능한 관리라는 명성은 더욱 높아져갔습니다. 백성들에게는 '혹리'였지만 황제와 관리들에게는 '능리能吏'였던 셈입니다. 왕온서의 유능함에 반한 무제는 결국 그에게 수도 치안을 담당하는 중위라는 중책을 맡겼습니다. 그 후 왕온서의 포악함과 잔혹함은 극에 다다랐습니다. 그는 권세가 있는 사람은 죄가 산더미처럼 쌓여 있어도 모른 척하고, 권세가 없는 사람은 신분과 지위를 가리지 않고 욕을 보이고 재물을 갈취했습니다. 왕온서의 행실이 이렇다 보니 그 밑에서 일하는 관리들 역시 마치 사람의 탈을 쓴 호랑이나 늑대처럼 포악해서, 온갖 수단과 방법을 동원하여 사람들을 핍박하고 갈취해 모두 엄청난 부를 쌓았다고 합니다.

그러나 황제의 눈에 들었을 때는 승승장구하던 왕온서도 눈밖에 나고 나서는 관직과 권세를 잃고 초라한 신세로 전락했습니다. 그러자 지난날 왕온서의 악행으로 피해를 보고 마음속에 원망과 복수심을 가득 품고 있던 사람들이 그가 뇌물을 받았다느니, 간사하고 탐욕스러운 일을 했다느니, 죄 없는 사람을 함부로 죽였다느니 하는 내용의 고발을 쏟아내기 시작했습니다. 당시 사람들이 고발한 그의 죄목은 멸족에 이르는 것이었기 때문에, 왕온서는 두려움을 이기지 못하고 스스로 목숨을 끊었습니다. 하지만 그의 집안사람들 역시 죄에 연루되었기 때문에 결국 멸족의 형벌을 받

명심보감 인문학

있습니다. 당시 왕온서가 쌓은 악업과 지은 죄목이 얼마나 많았던 지 삼족을 멸하는 형벌로도 모자라 오족을 동시에 멸하는 데 이르 렀습니다. 왕온서가 죽고 난 후, 그의 집을 수색해 보니 재산이 무려 천금이나 쌓여 있었다고 하지요.

　여기 『명심보감』의 구절처럼, 왕온서는 작년에는 이 집의 재물을 갈취하고 올해는 저 집의 재물을 갈취하며, 의롭지 않은 방법과 수단으로 금전을 쌓고, 교활한 속임수 등의 악행과 악업을 생계로 삼아 엄청난 권세와 부귀를 누렸습니다. 그렇지만 그 권세와 부귀는 결국 아침에 피었다가 저녁에 지는 꽃이나 다름없이 허망하고 부질없는 것에 불과했습니다. 악행과 악업으로 쌓은 권세와 부귀 때문에 자신은 스스로 목숨을 끊고, 자신의 오족은 모두 멸문에 이르는 재앙을 맞았기 때문입니다.

다른 사람에게 충고하는 일은
호랑이를 잡는 일보다 어렵다

한비자의 비극적 최후가 말해주는 충고와 설득의 어려움

入山擒虎(입산금호)는 易(이)나 開口告人(개구고인)은 難(난)이
니라.

산에 들어가 호랑이를 잡기는 쉽지만 입을 열어 다른 사람에게
충고하기는 어렵다.

'군자난언君子難言'은 '군자는 말하는 것을 어려워한다'는 뜻으로,
『한비자』의 「난언편」에 나오는 말입니다. 여기에서 '군자'는 춘추
전국시대를 풍미했던 유세객을 가리킵니다. 유세객은 여러 나라
를 떠돌아다니면서 자신의 정치사상과 이념을 받아들이도록 제후
들을 설득해, 높은 지위와 명성 또는 많은 재물을 얻었던 사람들입
니다. 이러한 까닭에 유세객들의 말 한마디는 천하의 권력과 부귀
를 이 나라에서 저 나라로 옮길 정도로 영향력이 막강했습니다. 한
비자 역시 전국시대 말기 법가의 정치사상과 이념으로 무장한 유
세객 중 한 사람이었습니다. 『한비자』의 「세난편」과 「난언편」에서
볼 수 있는 것처럼, 한비자는 제후에게 유세해 그들을 설득하는
어려움을 그 어떤 유세객보다 정확하게 간파하고 있었습니다.

한비자는 '군자는 말하는 것을 어려워한다'는 말은 '말하는 것 자체가 어렵다'는 얘기가 아니라고 주장합니다. 다만 듣는 사람의 마음이나 상황 또는 수준에 맞도록 말하는 것이 어렵다는 의미라는 것이지요. 예를 들어, 듣는 사람의 마음에 맞도록 지나치게 매끄럽게 말을 하면 겉은 그럴듯하나 실속이 없다고 생각되기 쉽습니다. 또한 듣는 사람의 측근들을 비판하거나 실정을 깊이 헤아려 말을 하면 곧잘 불쾌감을 자극해 오만하다고 여겨지고, 듣는 사람의 비위에 맞춰 말을 하면 교묘하게 말을 꾸며 자기 이익을 도모하는 사람으로 치부된다는 것이지요. 더욱이 한비자는 제아무리 어질고 현명하고 슬기롭고 선량하며 충성스럽고 도리를 터득한 사람이라고 해도, 어리석고 어두운 주군을 만나면 자신의 뜻을 미처 펴보기도 전에 치욕을 겪고 죽임을 당한다고 했습니다. 한비자는 이런 사례는 얼마든지 찾아볼 수 있다며 구체적인 예를 열거했지요. 상나라의 비간은 어질고 현명했지만 주왕을 설득하지 못해 심장이 도려내지는 형벌을 당했고, 오자서는 당대 최고의 병법가로 계략이 탁월했지만 오히려 오나라 왕 부차의 분노를 사 죽임을 당했고, 공자는 다른 사람을 잘 설득하는 도리를 터득했지만 '광'이라는 지역에서 죽을 곤욕을 겪었고, 관중은 진실로 지혜로웠지만 노나라는 그를 죄인 취급해 잡아 가두었다는 것입니다.

한비자는 이렇게 되묻고 있습니다.

"이렇듯 어진 사람과 현명한 사람이 치욕을 피하지 못하고 죽음을 모면하지 못하는 까닭은 무엇이겠는가?"

한비자 스스로 답한 바에 따르면, 말로 다른 사람을 설득하고 충고한다는 것이 그만큼 어렵기 때문입니다. 도리에 합당하고 이치에 적합한 말은 오히려 귀에 거슬려 마음에 반감을 불러일으키기 쉽습니다. 이러한 까닭에 군자는 말하는 것을 어려워하는 것입니다. 그렇다면 이렇게 말하는 것의 어려움을 너무나 잘 알고 있었던 한비자는 어떤 운명을 맞았을까요?

진나라에 간 한비자는 진시황(당시는 진왕 영정)에게 유세해 환심을 샀습니다. 진시황은 한비자의 법가사상을 듣고 무척 좋아했지만, 적국인 한나라의 왕족 출신인 그를 믿어야 할지 말아야 할지에 대해 심각하게 고민했습니다. 이때 순자의 문하에서 한비자와 동문수학했던 진시황의 최측근 이사가, 한비자의 중용으로 정치적 입지가 크게 좁아질 것을 염려해 한비자를 모함했습니다. 결국 진시황은 이사의 모함에 넘어가 한비자에게 독약을 보내 스스로 목숨을 끊도록 했습니다. 사마천은 『사기』 중 「노자·한비열전」에 이러한 한비자의 죽음에 대해 기록하며, 다른 사람에게 충고하고 설득하는 일의 어려움을 너무나 잘 알아서 "「세난편」과 「난언편」 같은 훌륭한 글을 썼지만 자신은 그로 인한 재앙에서 벗어나지 못했다"라고 평가했습니다. 그렇게 본다면, 한비자는 아이러니하게도 말로써 다른 사람에게 충고하고 설득하는 것이 얼마나 어려운 일인지 죽음으로 증명했다고 하겠습니다.

아무 이유 없이 얻은 재물은
행복이 아니라 재앙이다

전직자에게 찾아온 재앙을 복으로 바꾼 어머니의 불효령

蘇東坡曰(소동파왈) 無故而得千金(무고이득천금)이면
不有大福(불유대복)이요, 必有大禍(필유대화)니라.

소동파가 말했다. "아무 이유 없이 천금을 얻었다면
큰 행복이 있는 것이 아니라 반드시 큰 재앙이 있을 것이다."

위 구절을 가장 깊이 새겨 두어야 할 사람은 누구일까요? 다름 아닌 벼슬아치, 곧 관직에 있는 사람일 것입니다. 벼슬아치가 아무이유 없이 천금을 얻었다면, 그것은 반드시 뇌물과 부정부패한 방법으로 얻은 재물일 수밖에 없기 때문입니다. 뇌물과 부정부패한 방법으로 재물을 쌓은 벼슬아치는 작게는 자신의 이름을 더럽히고 크게는 멸문의 재앙을 입게 됩니다. 이 때문에 현명하고 지혜로운 사람들은 벼슬길에 오르면 무엇보다 '아무 이유 없는' 재물을 가장 경계했습니다.

춘추전국시대 제나라에 전직자라는 재상이 있었습니다. 어느날, 하급 관리가 그에게 뇌물로 거금을 바쳤습니다. 전직자는 그돈을 어머니에게 드리면 매우 기뻐할 것이라고 생각해 서둘러 집으로 보냈습니다. 그런데 어머니는 기뻐하지 않고 오히려 아들을 불러들인 후 "나라에서 주는 녹봉으로는 상상할 수도 없는 이런 큰돈이 도대체 어디서 생겼단 말이냐?"라면서 출처를 추궁했습니다. 어머니의 준엄한 물음에 당황한 전직자는 사실대로 하급 관리에게서 받은 돈이라고 말했습니다. 이 말을 들은 어머니는 전직자의 부정한 행위를 크게 꾸짖었습니다.

"일찍이 선비는 도리에 어긋나는 재물은 취하려는 생각을 아예 하지 않는다고 들었다. 오직 몸을 가지런히 하고 행실을 맑게 하며, 진실을 다하고 거짓된 행동을 하지 않는 게 선비다. 더욱이 도리에 어긋나는 재물은 집 안으로 들어오지 못하게 하는 것이 선비의 참된 길이다. 나라에서 주는 녹봉 외에 사사로운 욕심으로 재물을 취하는 것은 임금에 대한 불충이며 신의에 대한 배반이다. 또한 부모의 이름을 더럽히는 짓이므로, 부모에 대한 불효기도 하다. 불충하고 불효하는 사람이 장차 어떻게 되겠느냐? 재앙이 있을 뿐이다. 의롭지 않은 방법으로 얻은 재물은 나의 재물이 아니고, 또한 불효하는 자식은 나의 자식이 아니다. 돈을 가지고 내 집에서 나가거라."

어머니의 말에 큰 깨달음을 얻은 전직자는 부끄러움을 견디지 못하고 그 돈을 하급 관리에게 돌려준 뒤, 왕을 찾아가 스스로 자신의 죄를 말하고 처벌을 청했습니다. 전직자의 말을 들은 왕은 오히려 어머니의 의로움을 극찬하며 죄를 용서해 주었을 뿐만 아니라, 그가 재상의 자리를 유지하게 해주었습니다. 이에 그치지 않고 의로운 행동에 대한 상으로 전직자의 어머니에게 거금의 재물을 하사하기까지 했지요. 전직자의 어머니가 아들이 보낸 뇌물을 기쁘게 받았다면 어떻게 되었을까요? 만약 발각됐다면 재물을 빼앗기는 것으로 그치지 않았을 것입니다. 자식인 전직자는 관직을 박탈당해 지위를 잃고 명예를 더럽혔을 것이고, 형벌도 피할 수 없었을 것입니다. 하지만 뇌물을 돌려주고 왕에게 사실대로 고하도록 자식을 가르쳤기 때문에, 자식이 자신의 과오를 바로잡아 관직과 명예를 지키고 형벌을 피할 수 있었을 뿐만 아니라 재물까지 얻을 수 있었지요. 그런 점에서 전직자의 어머니는 재앙이 될 수 있었던 일을 복으로 바꾸었다고 하겠습니다.

전직자와 그 어머니의 고사는 유향의 『열녀전』에 자세하게 기록되어 있습니다. 유향은 『시경』의 「위풍魏風」에 실려 있는 「벌단伐檀」이라는 제목의 시를 인용하면서, 전직자의 어머니가 한 행동을 이렇게 평가했습니다.

"전직자의 어머니는 청렴해서 아들을 올바른 길로 잘 이끌었다. 『시경』에서는 '저 군자는 일하지 않고 밥을 먹지 않네(피군자혜 불소손혜 彼君子兮 不素飧兮)'라고 했다. 하는 일 없이는 나라에서 주는 녹봉도 먹어서는 안 되는데, 하물며 뇌물을 받는 일을 하면 되겠는가."

◎

썩은 나무에는
조각할 수 없다

공자의 가장 나쁜 제자 재여

宰予晝寢(재여주침)이어늘, 子曰(자왈) 朽木(후목)은 不可雕也
(불가조야)요, 糞土之墻(분토지장)은 不可圬也(불가오야)니라.

재여가 낮잠 자는 모습을 보고 공자가 말했다. "썩은 나무에는 조
각할 수 없고, 더러운 흙으로 쌓은 담장은 손질할 수 없다."

재여는 자아 또는 재아라고도 부르는 공자의 제자입니다. 공자의
10대 제자 중 자공과 더불어 언변이 가장 뛰어난 인물로 꼽히는
인물이지요.

그런데 공자의 언행과 제자들에 관해 기록한 책인 『논어』와
『공자가어』 그리고 『사기』의 「중니제자열전」 등을 살펴보면, 공자
와 같은 좋은 스승에게 가르침을 받은 제자라고 해서 모두 훌륭한
사람이 되는 것은 아니라는 사실을 알 수 있습니다. 그 대표적인
사례를 재여를 통해 확인할 수 있지요. 제자의 덕목이란 스승의
가르침과 뜻을 잘 배우고 받드는 것입니다. 여기서 더 나아가 스
스로 학문과 실천에 힘써 자신을 끊임없이 앞으로 나아가도록 한
다면 그보다 더 좋은 제자는 없을 것입니다. 아무리 스승이 좋은

　　　　　　　　　　　　　　명심보감 인문학

가르침과 지식을 전해주어도 스스로 노력하지 않으면 결코 자신의 것이 될 수 없습니다. 그런 의미에서 스스로 노력하는 제자만큼 좋은 제자는 없다고 할 수 있습니다.

공자가 보기에 자신의 제자 중 안연, 자로, 증자 등은 '스스로 노력하는 제자'였습니다. 즉 공자에게 그들은 좋은 제자였다고 하겠습니다. 반면 스스로 노력하지도 않고 잘못이 있어도 고치려고 하지 않는 제자는 나쁜 제자지요. 그렇다면 공자에게 '가장 나쁜 제자'는 누구였을까요? 바로 가장 많은 꾸중을 들었던 재여였습니다. 공자는 자신의 제자들 중 언변이 가장 뛰어난 사람은 재여와 자공이라고 했습니다. 그러나 말솜씨만 뛰어난 재여 때문에, 공자는 사람을 볼 때 말뿐 아니라 행실까지 살피는 버릇이 생겼다고 한탄했습니다. 공자는 말만 앞세우고 정작 행동은 하지 않는 재여를 몹시 못마땅하게 여겼습니다. 더욱이 재여는 공자의 가르침에 대해서도 비판적으로 따지길 좋아하는 제자였습니다. 「중니제자열전」에는 재여를 꾸짖는 공자와 공자에게 따져 묻는 재여의 모습이 여러 차례 등장합니다.

위 구절의 출처인 『논어』의 「공야장편公冶長篇」 속 공자와 재여의 모습을 살펴볼까요? "재여가 낮잠 자는 모습을 보고 공자가 말했다. '썩은 나무에는 조각할 수 없고, 더러운 흙으로 쌓은 담장은 손질할 수 없다. 재여처럼 게으른 자를 무슨 말로 꾸짖겠느냐! 처음에 나는 사람을 판단할 때 그 사람의 말만 듣고도 행실을 믿었다. 그런데 이제 나는 그 사람의 말을 듣고 나서 행실까지 살피게 되었다. 재여가 나를 바꿔놓았다.'"

또한 재여에게 크게 실망한 공자의 또 다른 일화도 있습니다. 뛰어난 말솜씨를 자랑한 재여는 어느 날 공자에게 가르침을 받다가 따지듯이 질문을 했습니다. "삼년상은 너무나 깁니다. 군자가 삼 년간이나 예를 닦지 않으면 예는 반드시 무너질 것입니다. 또 삼 년 동안이나 음악을 멀리한다면 음악은 반드시 무너질 것입니다. 일 년이면 묵은 곡식은 이미 떨어지고 햇곡식이 나옵니다. 나무를 비벼 얻은 불씨도 일 년이면 새로운 나무로 바꾸어 불씨를 일으킵니다. 저는 거상하는 데 일 년이면 충분하다고 생각합니다." 이에 공자가 재여에게 물었습니다. "(삼년상을 치르지 않고) 쌀밥을 먹고 비단옷을 입는 것이 너는 편안하겠느냐?" 그러자 재여는 "편안합니다"라고 대답했습니다. 어이가 없어서 말문이 막힌 공자는 "네가 편안하다면 그렇게 해라. 군자는 부모의 상중에 맛있는 음식을 먹어도 맛이 없고, 좋은 음악을 들어도 즐겁지 않다. 따라서 맛있는 음식을 먹지 않고 좋은 음악을 듣지 않을 뿐이다"라고 말했습니다. 그러고 나서 재여가 나간 후 공자는 "재여는 참으로 어질지 못한 사람이다. 자식은 태어난 후 삼 년이 지나야 부모의 품에서 벗어난다. 그래서 세상에서는 삼년상을 치르는 예의를 갖춘 것이다. 재여도 자신의 부모에게 삼 년 동안 사랑을 받았을 텐데……"라며 크게 탄식했다고 합니다.

공자는 "달변가보다 어눌한 사람이 더 어진 사람에 가깝다"라는 말을 자주 했습니다. 아마도 재여를 겨냥한 말인 듯합니다. 화려한 말솜씨와 논변에 능숙했던 재여는 아무리 공자가 가르치고 꾸짖어도 도통 자신의 잘못과 단점을 고치려고 하지 않았습니

명심보감 인문학

다. 더욱이 재여의 죽음을 보면, 그가 공자의 제자 중 '최악의 제자'였다는 사실을 다시 한번 확인할 수 있습니다. 재여는 죽으면서까지 공자를 부끄럽게 만들었습니다. 제나라의 대부大夫 전상이 일으킨 반역 사건에 가담했다가, 집안이 멸망하는 재앙을 당했기 때문이지요. 그의 부끄러운 죽음은 『공자가어』의 「칠십이제자해편」에 이렇게 기록되어 있습니다.

"재여는 자가 자아로 노나라 사람인데, 제나라로 가서 임궤 지역의 대부가 되었다. 하지만 전상과 난을 일으켜 삼족이 죽임을 당했다. 공자는 이 사건을 크게 부끄럽게 여겼다. 공자는 '재앙의 뿌리는 다른 곳에 있지 않다. 재여 자신에게 있다'라고 말했다."

재여는 아무리 좋은 스승을 만나도 스스로 노력하고 고치지 않으면 아무것도 얻을 수 없다는 사실을 단적으로 보여줍니다. 좋은 스승을 만나는 것도 중요하지만, 그보다는 힘써 배우고 스스로 노력하는 것이 학문과 공적을 이루는 데 훨씬 큰 역할을 하지요. 이것이 바로 그의 이야기가 우리에게 주는 가르침입니다.

◎

재물은 사용하면 바닥이 나지만,
충효는 해도 해도 끝이 없다

권력과 재물, 존경과 찬사를 동시에 얻은 석분

景行錄云(경행록운) 寶貨(보화)는 用之有盡(용지유진)이나
忠孝(충효)는 享之無窮(향지무궁)이니라.

『경행록』에서 말했다. "보물과 재화는 사용하면 없어지지만
충성과 효도는 아무리 향유해도 끝이 없다."

오늘날 최고의 부자를 의미하는 단어가 '재벌'이라면, 옛적에 최
고의 부자를 의미하는 단어는 바로 '만석꾼'이었습니다. 만석꾼이
라는 말은 원래 '만석군萬石君'에서 비롯되었는데, 만석군은 한나
라 초기 때 사람인 석분을 일컫습니다. 석분은 열다섯 살 때 하급
벼슬아치로서 한나라 고조 유방을 섬기다가, 유방의 손자인 6대
황제 경제에 이르러 삼공의 지위에까지 오른 입지전적인 인물입
니다. 석분은 어렸을 때 배우지 못해 학문을 쌓지는 못했지만, 공
손함과 겸손함과 신중함과 충성스러움에서는 당대에 그와 비교할
만한 사람이 없었습니다. 석분의 네 아들 역시 아버지를 존경하고
본받아 효성스럽고 공손하며 신중하고 충성스러웠습니다. 이 덕
분에 석분을 비롯해 네 아들에 이르기까지 하나같이 2000석의 봉

록을 받는 높은 벼슬자리에 오를 수 있었습니다. 이에 석분의 집안을 지켜본 경제가 이렇게 말했다고 합니다.

"석분과 그의 네 아들이 모두 2000석의 녹봉을 받는 벼슬자리에 있으니, 세상 사람들이 모두 석분의 집안을 높여 칭송한다. 석분은 '만석군'이라고 부를 만하구나."

이때부터 만석군은 권력과 재물을 지니고 있으면서도 존경과 찬사를 한 몸에 받는 사람을 상징하는 말이 되었습니다. 최고의 권력과 재물을 갖고 있으면서 세상 사람들로부터 원망과 비난을 사지 않기가 얼마나 어려운지는 역사 속에서, 또 현실 속에서 수많은 사례들을 통해 어렵지 않게 짐작할 수 있을 것입니다. 한나라를 세운 고조 유방뿐 아니라 그 이후에 즉위한 여러 황제는 공신들이나 그 외 힘 있는 신하들의 권세와 재물이 커지면 행여나 황제의 권력이 약화되지 않을까 노심초사하여 감시와 견제와 숙청 작업을 멈추지 않았습니다. 그렇다면 석분과 그의 자손들은 그러한 피바람의 소용돌이 속에서 어떻게 권력과 재물 그리고 존경과 찬사를 함께 유지할 수 있었을까요?

사마천은 만석군 석분의 이야기를 다룬 『사기』의 「만석·장숙열전」에서 그 이유로 일곱 가지를 꼽았습니다. 첫째 공손함, 둘째 신중함, 셋째 충성스러움, 넷째 엄격한 자식 교육, 다섯째 효성스러움, 여섯째는 성실함입니다. 그리고 마지막으로 일곱째는 자신보다 지위가 낮은 사람에 대한 겸손함입니다. 다시 말해, 만석군 석분과 네 아들은 충성과 효도, 공손함과 신중함, 성실함과 겸손함으로 권력과 재물을 얻을 수 있었을 뿐만 아니라 또 오래도록 유지할 수 있었던 셈입니다. 그런 의미에서 사마천이 기록으로 전하고 있는 석분과 그의 네 아들에 관한 이야기는 '충성과 효도야말로 끝없는 부귀영화를 불러올 것'이라는 『명심보감』의 가르침에 딱 들어맞는다고 하겠습니다.

명심보감 인문학

분수에 편안하면 욕된 일이 없고
기미를 알면 저절로 한가롭다

분수를 지키라는 말에 담긴 신분 차별적 의미

———

安分吟曰(안분음왈) 安分身無辱(안분신무욕)이요 知機心自閑
(지기심자한)이니, 雖居人世上(수거인세상)이나 却是出人間(각
시출인간)이니라.

———

「안분음」에서 말했다. "분수에 편안하면 몸에 욕된 일이 없고 기
미를 알면 마음이 저절로 한가로우니, 몸은 비록 인간 세상에 거
처한다고 해도 마음은 오히려 인간 세상을 벗어났구나."

「안분음」은 제목 뜻 그대로 '자기 분수에 만족하며 마음 편안하게
사는 삶을 노래한 시'입니다. 북송의 대학자 소강절의 시집인 『이천
격양집』에 실려 있지요. '안분' 즉 '분수에 편안하다'는 말은 무슨 뜻
일까요? 자기 분수에 맞게 살면 욕됨과 위태로움이 없기 때문에 몸
과 마음이 편안하다는 뜻입니다. 그럼 자기 분수에 맞게 산다는 것
은 무슨 뜻일까요? 이에 대한 공자의 답은 '신분과 지위에 맞게 사
는 것'입니다. 공자의 사상에서, 신분과 지위를 거스르는 말과 행동
은 인, 예, 덕에 어긋나는 일이자 스스로 욕됨과 위태로움을 불러오
는 어리석은 짓입니다. 공자의 이러한 생각은 공자의 손자인 자사
가 지었다고 전하는 『중용』에 다음과 같이 소개되어 있습니다.

"군자는 그 지위에 따라 행동하고 그 밖의 것은 바라지 않는다. 자신의 처지가 부귀하면 부귀한 대로 행동하고, 자신의 처지가 빈천하면 빈천한 대로, 오랑캐의 땅에 거처하면 오랑캐의 땅에 맞게, 재앙과 난리를 당하면 재앙과 난리에 맞게 행동한다. 이러한 까닭에 군자는 어떤 처지에 있더라도 스스로 얻지 못하는 것이 없다. 다른 사람보다 지위가 높으면 지위가 낮은 사람을 무시하지 않고, 다른 사람보다 지위가 낮으면 지위가 높은 사람에게 도움을 구하지 않는다. 자기를 올바르게 닦아서, 다른 사람에게 권력과 명예와 재물을 구하지 않으면 저절로 원망하는 마음이 생겨나지 않을 것이다. 위로는 하늘을 원망하지 않고, 아래로는 다른 사람을 탓하지 않는다. 이러한 까닭에 군자는 지위에 맞게 평이하게 거처하며 천명을 기다리지만, 소인은 위태롭게 행동하며 요행을 바라게 마련이다."

특히 공자가 역설한 신분과 지위에 맞게 사는 방법은 인, 예, 덕의 정수를 집대성해 놓은 유가사상의 백과사전인 『예기』에 매우 구체적으로 밝혀져 있습니다. 먼저 공자는 "백성은 자기 신분과 지위에 따른 분수를 넘으려고 하기 때문에 군자는 반드시 예로써 그 악덕을 막고, 형벌로써 그 방탕함을 막고, 명령으로써 그 욕망을 막아야 한다"라고 말합니다. 천자는 천자의 신분과 지위에 맞게 처신해야 분수에 편안하고, 제후는 제후의 신분과 지위에 맞게 행동해야 분수에 편안하다는 것이지요. 대부는 대부의 신분과 지위에 맞게, 선비는 선비의 신분과 지위에 맞게, 농민은 농민의 신분과 지위에 맞게 행동해야 한다는 뜻이기도 합니다. 또 상인은 상인대로, 노비는 노비대로 지켜야 할 분수가 있다는 의미이기도 합니다.

공자는 예와 형벌, 명령으로 다스려야 할 '신분과 지위에 맞는 분수'를 구체적으로 제시했습니다. 첫째, 제후가 다스리는 나라는 전차의 수가 천 승乘을 넘어서는 안 되며, 둘째, 도성을 쌓을 때는 높이와 길이가 백 치雉를 넘어서는 안 되고, 대부 집안의 부유함은 백 승을 넘어서는 안 된다는 것이 그 내용이었지요. 또한 각종 의례와 일상생활에서도 신분과 지위에 따라 지켜야 할 분수가 따로 있다고 했습니다. 예를 들어, 천자가 죽으면 7일상을 치르고 7개월 후에 묘에 묻게 되어 있지만, 제후는 5일상을 치르고 5개월 후에 안장해야 했습니다. 천자는 행사에서 여덟 줄에 여덟 명씩 총 64명의 무용수가 춤을 추는 팔일무를 시행할 수 있지만, 제후는 여섯 줄에 여섯 명씩 총 36명의 무용수가 춤추는 육일무만 시행할 수 있었습니다. 또 대부에게는 네 줄에 네 명씩 모두 16명의 무용수가 참여하는 사일무가, 선비에게는 두 줄에 두 명씩 모두 네 명의 무용수가 참여하는 이일무가 허용되었습니다. 만약 여기에서 벗어나면, 그것은 곧 자기 분수를 거스르는 행동이 되는 것입니다. 이 때문에 공자는 노나라의 권력자인 대부 계손씨가 자신의 집 마당에서 팔일무를 시행한 사실을 두고 "이러한 일을 참을 수 있다면 세상에서 무엇을 참지 못하겠는가?"라고 힐책하며, 자기에게 주어진 분수를 거스른 불손한 행동에 크게 분노했던 것입니다. 이렇게 본다면, 유학과 성리학에서 강조하는 안분지족의 삶은 다분히 신분 차별적 혹은 계급 차별적인 의미를 띠고 있다는 사실을 알 수 있습니다.

의리는 가난한 곳에서 끊어지고, 인정은 돈 있는 집으로 향한다

백수 신분에서 여섯 나라의 재상까지 오른 소진의 고사

人義(인의)는 盡從貧處斷(진종빈처단)이요, 世情(세정)은 便向有錢家(변향유전가)니라.

사람의 의리는 모두 가난한 곳에서 끊어지고, 세상의 인정은 곧 돈 있는 집으로 향한다.

전국시대 소진은 동주 낙양 출신으로 당시 종횡가로 명성이 높았던 귀곡자에게 배웠습니다. 소진은 이 시대에 활동한 수많은 유세객들처럼 제후에게 발탁되어 출세할 목적으로 동주를 떠나 여러 나라를 돌아다녔지만, 별다른 성과를 얻지 못하고 다시 고향 집으로 돌아왔습니다. 거지꼴이나 다름없이 돌아온 소진의 모습을 보고 형과 형수, 누이는 물론이고 아내와 첩까지도 거리낌 없이 희롱하고 비웃었습니다. 그러면서 "농사를 짓거나 물건을 만들거나 장사에 힘써서 이익을 얻고 생계를 도모하는 것은 사람의 의무인데, 너는 본업을 돌보지 않은 채 입과 혀만 가지고 먹고살려고 하니 가난하고 궁핍한 처지를 모면하지 못하는 게 당연하지 않느냐?"라며 꾸짖었습니다. 소진은 부끄럽고 슬프고 분한 마음에 문을 걸어 잠그고 방에 틀어박혔습니다. 그리고 일 년 만에 상대방의 심리를 포착해 설득하는 유세의 비법을 터득하고, 다시 자신을 중용할 제왕을 찾아 여러 나라를 돌아다녔습니다. 당시 중국의 형세는 전국7웅이라고 해서 수많은 제후국 가운데서 진나라, 한나라, 위나라, 조나라, 초나라, 연나라, 제나라 등 일곱 나라가 천하 패권을 다투고 있었습니다. 그런데 전국7웅 중 진나라가 변법개혁을 추진하고 부국강병에 성공하여 최강대국으로 부상한 이후부터, 나머지 여섯 나라는 진나라의 정치적·군사적·외교적 위협 앞에 하루도 마음 편하게 지내는 날이 없었습니다.

소진은 진나라의 위협 때문에 어려움을 겪고 있던 여섯 나라를 차례로 찾아가서, 그곳의 제왕들에게 진나라에 대항하기 위해서는 6국의 정치·군사동맹인 '합종책'을 맺어야 한다고 설득했습니다. 결국 여섯 나라의 제왕이 모두 소진이 유세한 정치·군사 전략에 따라 합종책을 맺었고, 소진은 합종 맹약의 우두머리와 여섯 나라의 재상을 겸하게 되었습니다. 소진은 가난하고 궁색한 유세객의 처지에서 한순간 전국시대 최고의 권력가로 변신했습니다. 어느 날, 소진은 북쪽 조나라로 가는 길에 고향인 낙양을 지나게 되었습니다. 그의 행차는 제왕의 행차에 견줄 만큼 호화롭고 위엄이 넘쳤지요. 당시 동주의 천자 현왕조차 소진을 두려워하여 그가 지나가는 길을 깨끗하게 청소하고 교외까지 사람을 보내 맞이하는 등 극진하게 대접했습니다. 소진은 다시 지난날 자신을 업신여기고 비웃으며 꾸짖었던 가족들을 만났는데, 그들은 곁눈질만 할 뿐 고개를 들어 소진의 얼굴도 쳐다보지 못했습니다. 함께 식사를 하는 동안에도 죄지은 사람 마냥 고개를 숙인 채 묵묵히 식사만 할 뿐이었습니다. 이에 소진이 웃으면서 형과 형수에게 "왜 예전에는 오만하게 저를 대하더니 이제는 공손하게 저를 대하십니까?"라고 말했습니다. 그러자 형수는 나서서 "계자季子(막내아우, 즉 소진)의 지위가 높고 귀하며 엄청난 재물을 갖고 있다는 사실을 알고 있기 때문입니다"라며 아첨했습니다. 형수의 말을 듣고 난 소진은 길게 탄식하면서 이렇게 말했습니다.

"형제와 친척도 가난하면 업신여기고 부귀해지면 두려워하는데, 하물며 나와 아무런 연고도 없는 일반 사람들이야 말할 것이 있겠는가!"

소진의 말은 "사람의 의리는 모두 가난한 곳에서 끊어지고, 세상의 인정은 곧 돈 있는 집으로 향한다"라는 『명심보감』의 훈계와 전혀 다르지 않습니다. 가난하고 궁색하면 세상 사람과 의리가 끊어지지만, 부유하고 권세가 있으면 세상 사람의 인정이 모인다는 얘기입니다. 참 슬프고 화나는 이야기지만, 사람의 의리와 인정조차 '부익부 빈익빈'의 법칙에서 크게 벗어나지 못하는 것 같습니다. 부유하면 부유할수록 의리와 인정이 넘쳐나는 반면, 가난하면 가난할수록 의리와 인정도 궁색해지기 쉽기 때문입니다.

어린 자식 똥오줌은 꺼리지 않으면서
부모님 눈물과 침은 미워하고 싫어하네

역사에 길이 남은 유검루의 효심

幼兒尿糞穢(유아뇨분예)는 君心(군심)에 無厭忌(무염기)로되 老
親涕唾零(노친체타영)에 反有憎嫌意(반유증혐의)니라. 六尺軀來
何處(육척구래하처)오, 父精母血成汝體(부정모혈성여체)라. 勸君
敬待老來人(권군경대노래인)하라. 壯時爲爾筋骨敝(장시위이근
골폐)니라.

어린 자식의 더러운 똥오줌은 그대의 마음에 전혀 거리낌이 없
으면서 늙은 부모님의 눈물과 침 떨어지면 도리어 미워하고 싫
어하는 마음이 드네. 육 척 그대의 몸 어디에서 나왔는가. 아버지
의 정기와 어머니의 피로 그대의 몸 만들어졌네. 그대에게 권하
니 늙어가는 부모님을 공경하고 대접하라. 젊었을 때 그대 위해
살과 뼈가 닳았다네.

누군가 어린 자식의 똥오줌은 꺼리지 않으면서 늙은 부모님의 눈
물과 침은 더럽게 느낀다고 해도, 사실 그 사람이 특별히 자식에
게만 애착이 강한 불효자라서 그런 것은 아닙니다. 슬프고 당황스
러운 일이지만, 보통의 사람들은 곧잘 그렇게 느끼기 쉽습니다.
그래서 나이 어린 자식의 더러운 배설물 앞에서 의연한 부모는 굳
이 칭찬하지 않지만, 연로한 부모님의 얼룩진 얼굴을 정성스레 닦

아주는 자식은 '효자'라고 높여 칭찬하는 것입니다. '어린 자식의 똥오줌을 꺼리지 않은 부모'에 대한 기록은 찾아볼 수 없지만, '늙은 부모님의 눈물과 침을 꺼리지 않은 자식'에 대한 기록은 여러 곳에서 찾아볼 수 있는 까닭도 이 때문입니다. 그 대표적인 사례가 사마광의 『가범』에 기록되어 있는 남북조시대 제나라 사람 유검루의 고사입니다.

유검루가 잔릉현을 다스리는 수령이 되어 고을에 도착한 지 열흘이 채 되지 않았을 때, 그의 아버지가 병에 걸리게 되었습니다. 유검루는 갑자기 가슴이 두근거리며 온몸에서 식은땀이 흘러내리자, 불길한 예감을 느끼고 즉시 벼슬자리를 버리고 집으로 돌아갔습니다. 집안 식구들은 아무 연락도 없이 갑자기 돌아온 유검루를 보고 모두 깜짝 놀랐습니다. 이때는 아버지가 병에 걸린 지 이틀째 되는 날이었는데, 유검루를 만난 의원이 이렇게 말했습니다.

"병이 나을지 더 나빠질지 정확히 알려면 병자의 똥을 맛보아야 합니다. 그 똥이 쓴맛이 나는지 아니면 달콤한 맛이 나는지 알아야 병의 상태를 알 수 있기 때문입니다."

의원의 말을 들은 유검루는 아버지가 설사를 하자 한 치의 주저함도 없이 그 똥을 찍어서 맛보았습니다. 그런데 불길하게도 그 맛이 달고 미끄러웠습니다. 이에 유검루는 마음속으로 더욱 크게 걱정하고 괴로워하면서, 며칠 동안 저녁마다 북극성을 바라보며 아버지의 병을 자신이 대신 앓게 해달라고 기도했습니다. 그러던 어느 날, 하늘에서 문득 이런 소리가 들려왔습니다.

"네 아버지는 수명이 다해 부른 것이다. 그러므로 목숨을 연장할 수는 없다. 다만 너의 지극한 효성이 아름다워 월말까지 살 수 있도록 해주겠다."

기한이 다되자 아버지는 정말 죽음을 맞았습니다.

이와 유사한 경우는 또 있습니다. 남북조시대 후위의 6대 황제였던 효문제는 어렸을 때부터 지극한 효성으로 이름이 높았습니다. 한번은 아버지 헌문제가 악창이 생겨 큰 고생을 하게 되었습니다. 이 모습을 본 효문제는 아버지의 몸에 난 부스럼에서 직접 입으로 고름을 빨아냈다고 합니다. 당시 태자였던 그의 나이는 불과 네 살이었다고 하지요.

물론 누구나 유검루와 효문제처럼 할 수는 없을 것입니다. 솔직히 말하면, 이러한 행동은 효자 중에서도 극소수의 사람만이 할 수 있는 일이 아닐까 합니다. 보통 사람은 부모님이 늙어서 흘리는 눈물과 침을 자기도 모르게 꺼릴 수 있습니다. 하지만 자식을 위해 한평생 애쓰며 세월을 보낸 노쇠한 부모님을 멀리하고 나아가 핍박하고 학대한다면, 그 사람은 당나라 관리이자 황실의 학자였던 송약소가 언급한 대로 '사람의 자식'이 아니라 '개나 돼지 또는 승냥이나 이리와 같은 놈'에 불과하다고 할 것입니다.

최상의 효도란 무엇인가

부모의 몸뿐 아니라 마음까지 봉양한 증석

子曰(자왈) 父命召(부명소)하시면 唯而不諾(유이불낙)하고 食在口則吐之(식재구즉토지)니라.

공자가 말했다. "아버지께서 부르시면 곧바로 대답하고 머뭇거리지 않아야 한다. 음식이 입안에 있을 경우에는 즉시 뱉어내고 대답해야 한다."

효도 가운데 최상의 효도는 무엇일까요? 여기서는 증자와 그의 제자 공명의가 나눈 대화를 재구성하여 그 답을 알아볼까 합니다. 이 내용은 『예기』의 「제의편祭義篇」에 실려 있는 것입니다.

- 증자 : 효도에는 세 가지가 있다. 가장 큰 효도는 부모님을 존경하는 것이다. 그다음은 부모님을 욕되게 하지 않는 것이다. 그다음은 부모님을 봉양하는 것이다.
- 공명의 : 그럼 선생님은 효도를 한다고 할 수 있습니까?
- 증자 : 그것이 무슨 말이냐, 그것이 무슨 말이냐! 자식이 효도를 한다고 말할 때는 부모님이 그 뜻을 나타내기 전에 먼저 알아서 이루어드리는 것이다. 그렇게 해야 부모님을 모시는

도리에 어긋남이 없게 된다. 그러나 나는 단지 부모님의 몸을
봉양하는 것밖에 하지 못하고 있다. 어찌 효도를 한다고 할
수 있겠느냐.

공자의 제자 중 '효 사상'에 관한 최고의 전문가이자 권위자
였던 증자가 생각한 최상의 효도란 바로 '부모님의 뜻을 봉양하는
것'임을 보여주는 대목입니다. 반면, '부모님의 몸만 봉양하는 것'
은 효도라고 하기에도 부끄러운 일이라고 말합니다.

그렇다면 '부모님의 뜻, 곧 마음을 봉양하는 것'과 '부모님의
몸만 봉양하는 것'에는 어떤 차이가 있을까요? 여기에 대해서는
증자 가문의 3대에 걸친 부모 봉양법에 대한 맹자의 흥미로운 해
석이 눈길을 끕니다.

증자의 아버지는 공자의 제자이기도 했던 증석입니다. 아버
지와 아들이 모두 공자의 제자였던 셈이지요. 증자는 반드시 술과
함께 고기를 상에 차려서 아버지 증석을 봉양했습니다. 그리고 증
석이 술과 고기를 다 먹고 난 후 상을 들고 나올 때는, 반드시 "다
른 사람에게 술과 고기를 드릴까요?"라고 여쭈었습니다. 이에 증
석이 "남은 술과 고기가 있느냐?"하고 물으면 반드시 "예, 있습니
다"라고 대답했습니다. 그 후 증석이 죽고 증자도 나이가 들어 자
식의 봉양을 받게 되었습니다. 어렸을 때부터 증자가 아버지를 모
신 모습을 보고 자란 증자의 아들 증원 역시 반드시 술과 고기를
상에 차려서 증자를 봉양했습니다. 그런데 증원은 증자가 다 먹은
뒤 상을 들고 나올 때, 다른 사람에게 술과 고기를 줄 것인지 묻

지 않았습니다. 또한 증자가 "남은 술과 고기가 있느냐?"라고 물으면 "아니오. 없습니다"라고 대답했습니다. 증원이 이렇게 한 까닭은 남은 술과 고기를 다른 사람에게 주지 않고 보관해 두었다가 나중에 다시 상에 차려서 내놓으려고 했기 때문입니다. 맹자는 증원의 행동을 두고 이렇게 말했습니다. "이러한 효도는 이른바 부모님의 입과 몸만 봉양했다고 할 수 있다." 그럼 맹자는 증자의 행동에 대해서는 어떻게 말했을까요? "증자께서는 아버지 증석의 마음까지 봉양했다고 할 수 있다. 부모님을 모실 때에는 증자처럼 해야 옳다." 이 내용은 『맹자』의 「이루離婁」 상편에 나오는 이야기입니다.

사람의 생사와 부귀는
사람이 아닌 운명에 달려 있다

『열자』에 실린 운명과 능력 사이의 논쟁

列子曰(열자왈) 痴聾瘖啞(치롱음아)도 家豪富(가호부)요, 智慧聰
明(지혜총명)도 却受貧(각수빈)이라. 年月日時(연월일시)가 該載
定(해재정)하니 算來由命不由人(산래유명불유인)이니라.

열자가 말했다. "어리석은 사람과 귀머거리와 고질병이 있는 사
람과 벙어리인 사람도 집은 부유하고 권세가 있는 부자일 수 있
고, 지혜롭고 총명한 사람이라고 해도 오히려 가난을 감수하며
살 수 있다. 해와 달과 날짜와 시간은 모두 분명하게 정해져 있으
니, 살펴보면 그것은 운명에 달려 있지 사람으로부터 비롯되는
것이 아니다."

사람들에게는 잘 알려져 있지 않지만 『열자』라는 책은 『노자』, 『장
자』와 함께 도가사상의 3대 경전으로 꼽힐 만큼 중요한 고전입니
다. 이 『열자』의 저자가 바로 춘추전국시대 도가사상가였던 열어
구, 곧 열자입니다. 그는 기원전 400년을 전후해 정나라의 '포' 땅
에서 활동했던 것으로 추정됩니다. 기원전 500년을 전후해 활동
한 또 다른 도가사상가인 노자보다는 시대적으로 뒤지고, 기원전
369년에서 기원전 289년경까지 살았던 장자보다는 약간 앞선 인

물이지요. 다만『열자』가 진짜 열자의 저서인가에 대해서는 적지 않은 논란이 존재하는데, 한나라의 저명한 학자 유향은 그 까닭을 이렇게 밝혔습니다.

"열자의 책은 후대에 와서 소홀히 다루어져, 사람들이 빠뜨리거나 잃어버리는 바람에 민간에 여기저기 흩어져 있다가 전하는 사람조차 사라지게 되었다. 이러한 이유로 사마천은『사기』에 제자백가의 열전을 썼지만, 거기에 열자는 포함시키지 않았다."

『열자』가 과연 열자가 쓴 책인가에 대한 진위 여부를 떠나 책 내용을 살펴봅시다. 이 책에는 역사가 시작된 이후 오늘날까지 인간이 분명한 답을 찾지 못하고 있는 철학적 주제, 즉 '생사와 부귀와 빈천은 운명에 달려 있는가, 아니면 사람의 능력에 달려 있는가?'에 대해 매우 깊이 있게 다루고 있습니다. 그 가운데 주목을 끄는 대목은 운명을 다룬 제7편의 첫 시작을 열고 있는 '운명과 능력 사이의 논쟁'입니다.

먼저 능력이 운명에게 이렇게 말합니다.

"사람의 장수와 요절, 부귀와 빈천은 모두 나의 힘으로 그렇게 되는 것이다." 이에 대해 운명은 다음과 같이 답변합니다.

"팽조의 지혜는 요임금과 순임금보다 위에 있지 않았지만 팔백 살이나 살았다. 안연의 재주는 보통 사람들보다 아래에 있지 않았지만 서른두 살밖에 살지 못했다. 공자의 덕은 제후들보다 아래에 있지 않았지만 큰 곤란을 겪고 큰 곤경에 빠졌다. 상나라 주왕의 행실은 기자, 비간, 미자 세 사람보다 위에 있지 않았지만 임금으로 군림했다. 또한 백이와 숙제는 충절을 지키다가 수양산에서 굶어 죽었고, 힘으로 권력을 전횡한 노나라의 계씨는 덕으로 명성을 떨친 전금(유하혜)보다 부귀를 누렸다. 만약 능력의 힘으로 가능한 일이라면, 어째서 재주 없는 사람은 장수하는 반면, 재주 있는 사람은 요절하는 것인가? 어찌하여 성인은 곤란한 지경에 빠지는 반면, 사람의 도리를 거스르는 자는 자신의 뜻을 이루는 것인가? 어찌하여 착한 사람은 빈천을 벗어나지 못하는 반면 악한 사람은 부귀를 누리는 것인가?"

가만히 듣고 있던 능력이 이렇게 항변합니다.

"만약 그대 말대로라면, 나는 본래부터 인간사와 세상사는 물론 온갖 사물에 대해 아무것도 하는 일이 없는 셈이군. 그렇다면 세상 모든 일과 온갖 사물이 그렇게 되고 있는 것은 순전히 그대 때문이라는 말인가?"

운명은 말합니다.

"이미 운명이라고 말한다면, 어떻게 운명을 그렇게 만든 사람이 달리 있겠는가? 나는 곧은 것은 곧은 대로 밀고 굽은 것은 굽은 대로 놓아둘 뿐이다. 장수하는 것도 스스로 그렇게 만든 것이고, 요절하는 것도 스스로 그렇게 만든 것이다. 스스로 궁색한 지경에 처하게 되고, 스스로 자신의 뜻을 이루게 되는 것이다. 스스로 존귀해지는 것이고, 스스로 미천해지는 것이다. 또한 스스로 부유해지는 것이고, 스스로 가난해지는 것이다. 모든 것이 스스로 그렇게 되는 것인데, 나 운명이 어떻게 그것을 알 수 있겠는가?"

저절로 그렇게 되도록 정해진 것이 바로 운명이고, 따라서 운명은 세상 그 무엇의 작용으로도 변할 수 없다는 게 열자의 생각입니다. 그런 점에서 운명에 대한 열자의 견해는 일종의 숙명론에 가깝게 들립니다. 하지만 이 대화의 결론에 해당하는 운명의 답변 즉 "운명이란 것도 따져보면 자기 스스로 그렇게 되도록 만드는 것"이라는 부분에서, 운명은 마치 하늘과 같이 그것을 통제하는 절대적인 그 무엇에 의해 만들어지는 것이 아니라, 바로 자기 자신의 행위에 의해 만들어진다는 사실을 깨달을 수 있습니다. 그래서 옛사람은 하늘이 내린 재앙은 피할 수 있지만 스스로 만든 재앙은 피할 수 없다는 말을 남겼습니다.

그렇다면 능력과 운명 중 과연 무엇이 인간사와 세상사에 더 큰 영향을 끼칠까요? 아마 능력의 손을 들어준 사람도 있을 것이고, 반대로 운명의 손을 들어준 사람도 있을 것입니다. 능력으로 운명을 이겼다고 생각하는 사람은 능력의 손을 들어주었겠지만, 운명의 장난(?)으로 자신의 능력을 제대로 발휘하지 못했다고 생각하는 사람은 운명의 손을 들어줄 테니까요. 그런 점에서 이 문제는 온전히 여러분의 판단에 맡겨야 할 문제인 것 같습니다.

사람은 백 년을 살기 어렵고,
무덤은 백 년을 유지하기 어렵다

죽음 이후의 안락에 대한 고대 중국인의 사고방식

———

未歸三尺土(미귀삼척토)에는 難保百年身(난보백년신)이요,
已歸三尺土(이귀삼척토)에는 難保百年墳(난보백년분)이니라.

———

석 자 무덤 속으로 들어가기 전에는 백 년 동안 이 몸을 보존하기 어렵고, 이미 석 자 무덤 속으로 들어간 다음에는 백 년 동안 무덤을 보존하기 어렵다.

진나라의 여불위가 편찬한 『여씨춘추』의 「십이기十二紀」에는 '안생' 즉 편안한 삶 못지않게 '안사' 즉 편안한 죽음을 중요하게 여겼던 고대 중국인의 사고방식이 잘 나타나 있습니다.

　먼저 『여씨춘추』에서는 "인간의 수명은 아무리 길어야 백 년을 넘기지 못할 뿐만 아니라, 대개의 경우 예순 살을 넘기기 어렵다"라고 말하고 있습니다. 그러면서 사람은 누구나 한 순간 죽음을 맞을 것인데 온갖 부귀영화를 누리며 백 년을 살아보겠다고 아등바등하는 행동이 얼마나 허망하고 어리석은지 밝히고 있지요. 살아 있는 동안이나 죽은 다음에도 자신의 몸을 잘 보존하기 위해서는 사람은 누구나 죽는다는 이치를 받아들이고 죽음은 물론 삶

에 대해 집착하는 마음을 버려야 합니다. 그런 의미에서 잘 죽기 위해서는 잘 살아야 하고, 잘 살다 보면 잘 죽게 된다고 말할 수 있겠습니다. 『여씨춘추』에서는 삶과 죽음에 대한 고대 중국인의 태도를 이렇게 표현하고 있습니다.

"삶을 아는 사람은 외물에 대한 욕망에 사로잡혀 자신의 삶을 손상시키지 않는다. 이것을 삶을 기르는 '양생의 도리'라고 한다. 죽음을 아는 사람은 외물에 대한 욕망에 사로잡혀 자신의 죽음을 어지럽히지 않는다. 이것을 편안한 죽음을 맞는 '안사의 도리'라고 한다."

『여씨춘추』의 「십이기」를 읽다 보면, 편안한 삶과 죽음 이후 어떻게 장례를 치러야 도굴의 위험을 피해 무덤을 온전히 보존할 수 있는가에 대한 설명도 접할 수 있습니다. 곧 '사후의 안락'에 대한 고대 중국인의 사고방식 역시 엿볼 수 있는 것이지요. 이 경우 특히 강조하고 있는 것은 다름 아닌 '절상' 즉 '예절을 갖추되 간소하게 장례를 치르는 일'입니다. 무덤이란 너무 얕아서 여우나 너구리가 시체에 손상을 입히는 일이 없도록 하고, 너무 깊어서 지하수 때문에 시체가 부패되는 일이 없도록 하면 될 뿐입니다. 그렇지 않고 무덤을 사치스럽고 호화스럽게 장식하느라 그 속에 온갖 금은보화와 재물, 그 밖의 기물과 기호품을 잔뜩 묻어놓으면 반드시 악인과 도둑을 불러들이는 도굴의 대상이 될 뿐입니다. 『여씨춘추』의 편찬자인 여불위 시대 즉, 전국시대 말기에 들어서면, 각 나라가 강성해지고 부유해지면서 군주는 물론이고 공경대부와 부자 등 너나없이 앞다투어 더욱 호화롭게 장례를 치르는 경향이 두드러지게 됩니다. 죽은 사람의 입에는 주옥을 물리고, 몸에는 구슬을 감추며, 그가 생전에 즐기고 좋아한 온갖 보물은 물론 평소 사용한 그릇·솥·병·가마·말·의복·창·검 같은 물건까지 산더미처럼 함께 매장하는 풍속이 크게 유행했습니다.

그러면서 도굴을 막기 위해 시체를 안치한 관곽棺槨(속 널과 겉 널)을 몇 겹으로 하고, 그것도 모자라 돌을 돌려 쌓았습니다. 또 습기가 배지 않도록 숯을 둘레에 묻기도 했지요. 그런 다음 무덤 주변을 엄중하게 경계하고 도굴을 하다 잡히면 중죄로 다스리겠다고 엄포를 놓고 위협을 했지만, 끝내 대부분이 도굴을 모면하지 못했습니다. 무덤이 오래되면 후손의 경계가 소홀해지고, 경계가 소홀해지면 무덤을 지키는 사람의 감시 역시 게을러지고, 감시가 게을러지면 무덤을 노리는 도굴꾼이 활개를 쳤기 때문입니다. 천하를 호령하던 제왕의 무덤 역시 예외가 아닙니다. 역사상 멸망하지 않는 나라는 없고, 멸망한 나라의 제왕의 무덤치고 도굴당하지 않는 무덤은 없습니다. 제왕의 무덤도 이러한데, 보통 사람의 무덤이야 말해 무엇 하겠습니까? 그런 의미에서 간소한 무덤은 백년을 넘게 보존하지만, 사치스럽고 화려한 무덤은 백 년은 고사하고 십 년도 보존하기 어렵다고 할 것입니다.

비석에 이름을 새기는 것보다
사람들의 입에 오르내리는 것이 낫다

업적을 돌에 새겨 천하에 이름을 남기려 한 진시황

擊壤詩云(격양시운) 平生不作皺眉事(평생부작추미사)면 世上應
無切齒人(세상응무절치인)이니, 大名豈有鐫頑石(대명기유전완
석)가 路上行人口勝碑(노상행인구승비)니라.

「격양시」에서 말했다. "평생 동안 눈살 찌푸릴 일을 하지 않는다
면 응당 세상에는 이를 가는 원수 같은 사람이 없을 것이다. 크게
이름을 알리려고 어찌 단단한 돌에 이름을 새기겠는가? 길을 오
가는 사람들의 입이 비석보다 훨씬 더 나을 것이다.

이 구절은 소강절의 『이천격양집』에 실려 있는 시의 일부입니
다. 중국 역사상 비석에 자신의 이름과 공적을 새겨서 천하 만세
에 남기려고 했던 사람은 헤아릴 수 없을 정도로 많습니다. 그들
중 가장 유명한 사람은 아마도 진시황일 것입니다. 진시황은 기원
전 221년에 중국을 최초로 통일했습니다. 그는 다음 해인 기원전
220년에 첫 순행을 시작해 기원전 210년에 순행 중 객사할 때까
지 약 십 년 동안 모두 다섯 차례에 걸쳐 천하 순행을 다녔습니다.
그리고 자신이 거쳐 간 주요 장소마다 일종의 '순수비'를 세웠습
니다. 특히 중국 각지의 명산에 자신이 이룬 업적을 찬양하고 공

덕을 기리는 각석, 즉 비석을 세웠지요. 사마천의 『사기』 중 「진시황본기」에는 진시황의 각석을 모두 일곱 개로 기록하고 있습니다. 추역산, 태산, 낭야대, 지부산, 동관, 갈석산, 회계산에서 이를 찾아볼 수 있다고 했지요. 이 중 추역산 각석을 제외한 나머지는 그 비문이 탁본 등으로 전해지고 있지만, 부분적으로나마 실물이 남아 있는 것은 태산 각석과 낭야대 각석뿐입니다.

진시황의 천하 순행은 갑작스럽게 통일을 맞이하여 동요하며 혼란에 빠져 있던 민심을 위무하고 안정시키기 위해서가 아니라, 오히려 공포 정치와 법치에 의존해 백성들을 강압적으로 통치하기 위한 성격이 강했습니다. 이러한 까닭에 진시황은 순행 때 들렀던 명소와 명산마다 자신의 위대함과 제국의 무궁함을 찬양하고 기리는 비석을 열성을 다해 세우면서도, 정작 민심을 수습하고 백성들을 위로하는 일에는 도통 관심조차 보이지 않았습니다. 그래서 다섯 차례나 순행에 나섰지만, 백성들의 마음은 황제에게서 더욱 멀어지고 황제에 대한 여론은 더욱 나빠졌을 뿐입니다.

더구나 진시황은 순행을 할 때마다 불미스러운 일과 마주쳤습니다. 2차 순행 때는 상산에서 거센 바람을 만나 강을 건너지 못하자, 죄수 3000명을 시켜 상산의 나무를 모조리 잘라 민둥산을 만들어버리는 만행을 저질렀습니다. 또한 3차 순행 때는 훗날 한나라 고조 유방의 핵심 참모가 되는 장량이 보낸 자객의 습격을 받은 뒤 대대적인 수색령을 내려 천하를 공포에 떨게 했습니다. 그리고 결국 마지막 5차 순행 때는 예기치 못한 병을 얻어 화려한 궁궐이 아닌 길에서 목숨을 잃었습니다. 진시황의 폭정과 악행에 대한 하늘과 민심의 보복일까요? 이후 총애하던 환관 조고의 유언장 조작으로 태자 부소는 자결하고, 어리석고 탐욕스러운 막내아들 호해가 2대 황제가 되어 진나라를 멸망의 길로 밀어 넣게 됩니다.

진시황은 자신의 위대한 업적과 공덕을 단단한 돌에 새겨서 역사에 길이길이 이름을 떨치고자 했습니다. 하지만 세상 사람들의 입에 오르내리는 진시황은 폭정과 악행을 일삼은 폭군일 뿐이었습니다. 2000년이 훨씬 지난 오늘날 우리는 진시황을 어떻게 기억하고 있습니까? 그가 이름을 남기기 위해 스스로 돌에 새긴 위업으로써 기억하고 있습니까? 아니면 세상 사람들의 입이 평가했던 폭군으로 기억하고 있습니까? 이것만 보더라도, 단단한 돌에 업적과 공덕을 새겨 넣는 일보다 바른 말과 훌륭한 행동으로 세상 사람들의 입에 오르내리는 일이 훨씬 더 중요하고 가치 있다는 말이 무슨 뜻인지 알 수 있을 것입니다.

아무리 은밀해도 말은 숨길 수 없고, 아무리 감추어도 마음은 속일 수 없다

'사지선생' 양진의 청렴결백함

玄帝垂訓曰(현제수훈왈) 人間私語(인간사어)라도 天聽(천청)은
若雷(약뢰)하고, 暗室欺心(암실기심)이라도 神目(신목)은 여전
(如電)이니라.

현제가 훈계를 내려 말했다. "사람들 사이의 비밀스러운 말이라
고 해도 하늘이 들을 때는 마치 우레 소리 같이 크게 들리고, 어
두운 방안에서 마음을 속인다고 해도 귀신의 눈은 번개같이 밝
게 본다."

현제는 도교의 신선으로 '현천상제'를 줄여 말한 것입니다. 『명심
보감』에는 불가의 말은 전혀 실려 있지 않습니다. 하지만 노자나
장자 또는 갈홍과 같은 도가사상가의 말은 물론이고, 상상 속의
존재라고 할 수 있는 도교의 신선이 남긴 말도 많이 수록되어 있
습니다. 『명심보감』은 도가사상이나 도교에 대해 상당히 포용적
인 입장을 보이고 있습니다. 여기 『명심보감』에서 소개하는 구절
은, 말이란 아무리 은밀하게 해도 반드시 듣는 귀가 있어서 결국
바깥으로 새어나갈 수밖에 없다는 뜻입니다. 따라서 선한 말이면
구태여 비밀스럽게 할 필요가 없고, 악한 말이면 은밀하게 할 필

요도 없이 아예 말하지 않는 것이 상책입니다. 세상에서 속일 수 없는 단 한 가지가 있다면, 그것은 하늘도 귀신도 아닌 바로 자기 자신의 마음일 것입니다. 그래서 옛사람들은 자신을 닦을 때 무엇보다 '무자기無自欺'를 역설하고 '신독愼獨'을 강조했습니다. 무자기는 "스스로를 속이지 말라"라는 뜻이고, 신독은 "홀로 있을 때 더욱 삼가라"라는 뜻입니다. 스스로를 속이지 않고 홀로 있을 때도 더욱 삼가는 사람에게 무엇을 더 요구하겠습니까?

범엽의 『후한서』 중 「양진열전」을 읽어보면, 청백리 양진에 관한 이야기가 나옵니다. 양진은 '관서의 공자'라고 불릴 만큼 학문이 뛰어났고 '사지선생四知先生'이라고 불릴 정도로 청렴결백했다고 합니다. 특히 양진이 사지선생이라고 불리게 된 고사를 읽다 보면, 언행에 있어서 무자기와 신독이 얼마나 중요한지를 깨닫게 됩니다. 늦은 나이에 벼슬에 나아가 형주자사를 지낸 양진은 뒤이어 동래태수로 부임하러 가는 중에 창읍(지금의 산동성)이라는 곳을 지나게 되었습니다. 창읍 현령 왕밀은 일찍이 양진이 형주자사로 있을 때 천거한 인물이었지요. 천거에 대한 고마움을 품고 있던 왕밀은 양진에게 은혜를 갚겠다고 한밤중에 남몰래 황금 열 근을 갖고 와 바치면서 이렇게 말했습니다. "한밤중이라 어두워 아무도 알지 못할 것입니다." 양진은 정색을 하고 엄한 목소리로 다음과 같이 말했습니다.

"하늘이 알고, 귀신이 알고, 내가 알고, 그대가 알고 있다. 어찌 아는 사람이 없다고 하는가?"

양진의 엄중한 꾸짖음에 크게 부끄러움을 느낀 왕밀은 황급

명심보감 인문학

히 물러갔습니다. 이때부터 세상 사람들은 양진을 사지선생이라고 부르면서 그의 청렴결백한 인품과 기상을 흠모했습니다.

　세상의 이목을 속인다고 해도 하늘과 귀신의 이목은 속일 수 없고, 설령 요행으로 하늘과 귀신의 눈을 피한다고 해도 자기 자신의 마음은 결코 속일 수 없다는 사실을 확인할 수 있는 고사라고 하겠습니다.

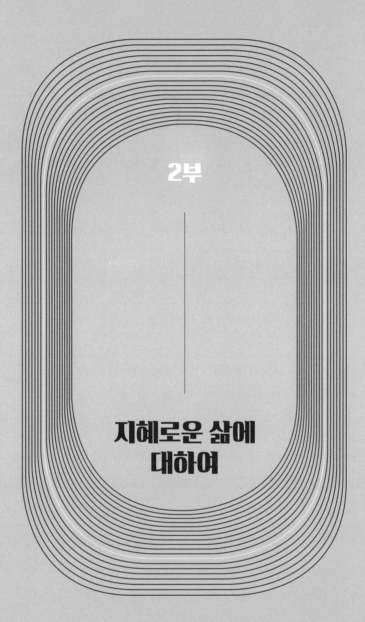

2부

지혜로운 삶에
대하여

황금보다 더 가치 있는 것은
사람에게 얻은 한마디 말이다

곽외의 한마디 말이 연나라를 강대국으로 일으키다

黃金千兩未爲貴(황금천냥미위귀)요, 得人一語勝千金(득인일어승천금)이니라.

황금 천 냥은 귀한 것이 아니며, 다른 사람에게 한마디 말을 얻는 것이 천금보다 더 가치가 있다.

황금 천 냥이 아무리 귀하다고 해도 써버리면 그 가치는 사라집니다. 그러나 다른 사람에게 얻은 천금 같은 한마디 말은 두고두고 남아 끝없이 그 가치를 더하지요. 이 때문에 때로는 말이 천금보다 더한 가치를 지니게 된다고 하겠습니다. 한마디 말이 지닌 가치를 헤아릴 때는 연나라 소왕과 곽외의 고사만큼 훌륭한 사례를 찾기 어려울 것입니다.

이웃한 제나라에게 고국 강토가 철저하게 유린당한 후 새롭게 왕위에 오른 연나라 소왕은, 오직 제나라에 대한 복수를 다짐하며 천하의 인재들을 초빙해 가르침을 받고자 했습니다. 하지만 이제 막 왕위에 오른 왕을 선뜻 찾아오는 인재가 있었겠습니까? 천하의 인재들을 연나라로 모을 방법을 알지 못해 막막해하고 있

명심보감 인문학

던 바로 그때 소왕에게 천금보다 더한 가치가 있는 한마디 말을 전해준 사람이 바로 곽외였습니다. 당시 곽외는 어떻게 하면 연 나라를 부강하게 만들 인재를 구할 수 있겠느냐는 소왕의 물음에, 천하의 명마인 천리마를 구하는 방법을 예로 들며 그 방법을 가르 쳐주었습니다. 당시 곽외가 소왕에게 들려준 이야기를 대략적으 로 정리하자면 다음과 같습니다.

옛날 어떤 임금이 몇 년 동안이나 천리마를 구하려고 했지만 구할 수가 없었습니다. 이때 한 사람이 나서서 천리마를 구해오겠 다고 했습니다. 이에 임금은 그 사람에게 천리마를 구입할 돈을 주었습니다. 길을 떠났다가 석 달 만에 돌아온 그 사람은 천리마 값의 절반에 해당하는 500금이나 주고 겨우 천리마의 머리뼈만을 구했다고 말했습니다. 이에 임금이 아무런 쓸모도 없는 죽은 말의 머리뼈를 큰돈을 주고 사왔다면서 크게 화를 내며 꾸짖었습니다. 하지만 그 사람은 오히려 임금에게 이제 기다리기만 하면 된다며 이렇게 말했습니다. "죽은 천리마의 머리뼈를 500금이나 주고 샀 다는 소문이 퍼지면 반드시 살아 있는 천리마를 가진 사람이 나타 날 것입니다." 과연 얼마 지나지 않아 천리마를 가진 사람이 연이 어 나타났고, 임금은 구하고자 했던 한 마리 외에 다른 한 마리를 더 구하게 되었습니다.

곽외는 이 천리마 이야기에 빗대어 "(죽은 말의 머리뼈처럼) 하 찮고 보잘것없는 저 곽외를 먼저 중용한다면, 저보다 현명하고 지 혜로운 (살아 있는 천리마와 같은) 천하의 인재들이 너나없이 앞다투 어 대왕을 찾아올 것입니다"라고 말했습니다. 이에 소왕은 곽외를 중용해 스승으로 삼았습니다. 그때부터 당대 최고의 명장이자 병법가였던 위나라의 악의가 찾아왔고, 뛰어난 학식과 탁월한 지혜를 지닌 제나라의 추연이 달려왔으며, 또 조나라의 대정치가 극신이 찾아와 연나라에 투신했습니다. 곽외의 말을 따른 덕분에 천하의 명장과 명사를 얻게 된 소왕은 이후 제나라를 정벌해 마침내 자신의 뜻을 이룰 수 있었습니다. 제나라에 대한 소왕의 복수는 강력한 군대나 막대한 재물이 아닌 곽외의 한마디 제언에서 시작된 셈이니, 한마디 말이 지닌 가치가 어찌 재물이나 군대보다 낫다고 하지 않을 수 있겠습니까?

명심보감 인문학

◎

입에서 나오는 말은
신중하고 조심해야 한다

하고 싶은 말을 참지 못해 비참한 죽음을 맞은 채백개

蔡伯喈曰(채백개왈) 喜怒在心(희노재심)하고 言出於口(언출어
구)하나니 不可不愼(불가불신)이니라.

채백개가 말했다. "기쁨과 분노는 마음속에 있고 말은 입에서 나
오므로 신중하고 조심하지 않을 수 없다."

채백개는 후한 말기에 활동했던 관리이자 학자입니다. 백개는 자
이고 원래 이름은 '옹'이지요. 경전에 박학했고 문장과 역사에 뛰
어났고 음률에도 정통했던 그는 당대 최고의 학자 중 한 사람으로
명성을 떨쳤습니다. 그러나 영제 때 환관들의 국정 농단을 비판했
다가 황제로부터 크게 미움을 사 십여 년 넘게 유배객 혹은 도망
자 신세로 이곳저곳을 떠돌아야 했습니다. 그러다가 채백개는 동
탁이 국정을 농단한 환관 세력인 십상시를 제거하고 권력을 장악
한 후에 중앙 정계로 복귀하게 됩니다. 동탁이 채백개의 학식과
덕망을 존경했기 때문입니다. 채백개는 잔인무도하기로 악명이
높았던 동탁의 곁에서 측근으로 지내며 바른 말로 잘못을 간언한
거의 유일한 인물이었다고 합니다.

하지만 왕윤이 여포를 이용해 동탁을 죽이고 시체를 저잣거리에 버린 뒤 채백개의 불행은 다시 시작됐습니다. 왕윤이 주최하는 회의에서 채백개는 그동안 자신의 간언을 뿌리치지 않았던 동탁의 죽음을 탄식하며 추모하는 마음을 표현했습니다. 이에 크게 분노한 왕윤은 "사사로운 은혜와 개인적인 감정 때문에 선비가 지녀야 할 큰 지조를 배반했다"라고 하면서, 채백개를 체포한 다음 즉시 감옥에 가두고 옥중에서 처형했습니다. 채백개는 당시 크나큰 수치라고 할 수 있는, 얼굴에 글씨를 새기거나 발가락을 자르는 형벌을 청하면서까지 자신이 집필하고 있던 한나라의 역사서를 마칠 수 있게 해달라고 애걸했지만 아무 소용이 없었다고 합니다.

그로부터 천 년의 세월이 지난 20세기 초에 활약한 중국의 대문호 루쉰은 모든 사람이 죽기를 바랐던 간신이자 역적인 동탁의 죽음조차도 추모한 채백개는 "감히 모든 사람의 뜻을 거스르는 말을 하는 용기가 있었다"라며 높여 평가했습니다. 『명심보감』에 "말은 신중하고 조심해야 한다"라는 경구를 남긴 채백개지만, 하고 싶은 말을 하지 않고는 참지 못하는 강직한 성품과 언행 때문에 억울하게 죽임을 당하는 참화를 입었다고 할 수 있습니다. 이렇듯 말로 인해 비참한 죽음을 맞은 그의 이야기는 『시경』의 「대아大雅」에 실려 있는 「억抑」이라는 제목의 시구를 떠올리게 합니다.

白圭之玷 尙可磨也　　백규지점 상가마야
斯言之玷 不可爲也　　사언지점 불가위야

無易由言 無曰苟矣   무역유언 무왈구의

莫捫朕舌 言不可逝矣   막문짐설 언부가서의

흰 구슬에 난 흠집은 오히려 갈아서 없앨 수 있지만

입에서 나온 저 말의 잘못은 어찌할 방법이 없다네.

가벼이 쉽게 말하지 말고 함부로 지껄여서 허물을 짓지 말라.

누구도 혀를 잡아서 막아주지 않고 입에서 나온 말을 뒤쫓아

잡을 수 없네.

인정으로 대하면
좋은 얼굴로 다시 만난다

범저의 두 원수, 수고와 위제의 운명이 갈린 이유

凡事(범사)에 留人情(유인정)이면 後來(후래)에 好相見(호상견)
이니라.

모든 일에 인정을 남겨두면 나중에 좋은 얼굴로 만날 수 있다.

진나라가 진시황 때에 이르러 천하를 통일할 수 있었던 원동력에
는 두 개의 축이 있다고 할 수 있습니다. 그중 하나가 6대 임금에
걸쳐 추진한 '법치를 통한 상무정신'이라면, 다른 하나는 '국적을
불문한 인재등용'이지요. 진나라는 인재를 쓸 때 외국 출신들을
적극적으로 발탁해 정부 요직에 앉혔습니다. 외국 출신의 관리 중
'일인지상 만인지하'의 재상에까지 오른 인물만 해도 여섯 명의
임금을 거치는 동안 예닐곱 명이나 되었습니다. 예를 들어, 효공
은 위나라 출신의 상앙을, 혜문왕은 위나라 출신의 장의를, 소양
왕은 위나라 출신의 범저를, 장양왕은 조나라 출신의 여불위를 그
리고 진시황은 초나라 출신의 이사를 재상으로 중용했습니다.

특히 이들 외국 출신 재상 중 소양왕 시대의 범저는 진시황이
중국 대륙을 통일할 수 있는 실질적인 국가 전략과 외교 정책을

수립하여 진나라에 정착시킨 명재상입니다. 그는 국가가 부국강병을 추구할 때 인재 등용이 얼마나 중요한지를 조정 안팎에 각인시킨 인물이기도 합니다. 범저는 소양왕에게 "대부의 가문을 크게 일으킬 인재는 나라 안에서 찾을 수 있지만, 제후의 나라를 크게 일으킬 인재는 천하에서 찾아야 한다"라고 말하며 유세를 했습니다. 범저가 소양왕에게 말한 인재 등용론은 이후 부국강병 전략의 핵심으로 자리 잡게 되었고, 천하통일의 거대한 동력원으로 작용했습니다.

범저는 진나라의 재상이 되기 전 고향인 위나라의 중대부 수고를 섬겼습니다. 그러던 어느 날 위나라 소왕의 사신으로 제나라에 가는 수고를 따라가게 되었습니다. 이때 제나라 양왕은 변론에 뛰어난 범저를 눈여겨보고 금 열 근과 쇠고기 그리고 술을 선물로 보냈습니다. 범저는 사양하고 받지 않았습니다. 하지만 이 사실을 알게 된 수고는 범저가 위나라의 비밀을 제나라에 알려주고 뇌물을 받았다는 의심을 품게 되었습니다. 위나라에 돌아온 후 수고는 재상 위제에게 제나라에서 있었던 일을 발설했습니다. 크게 분노한 위제는 범저를 죽기 직전까지 매질했습니다. 그러고 나서 초죽음이 되다시피 한 그를 대나무 발에 둘둘 말아서 변소에 내다 버렸습니다. 위제의 집에 드나드는 빈객들은 변소를 오가면서 범저의 몸에 오줌을 누며 그를 모욕했습니다. 그런 상황에서도 범저는 정신을 차린 뒤 자신을 지키고 있던 사람에게 살려주면 훗날 반드시 보답을 하겠다면서, 빠져나갈 수 있도록 도와달라고 부탁했습니다. 평소 범저의 재능과 사람됨을 잘 알고 있던 감시자는 위제에게 시체를 버리고 오겠다고 거짓말을 한 다음 범저를 풀어주었습니다.

　사지에서 간신히 몸을 피한 범저는 '장록'으로 이름을 바꾸고 숨어 살았습니다. 그 후 범저는 위나라에 온 진나라 사신 왕계에게 발탁되어서, 위나라를 떠나 진나라로 갔습니다. 진나라에 간 범저는 자신의 능력과 식견을 알아본 소양왕에게 중용되어 일약 재상의 자리에 올랐지요. 그러던 어느 날, 진나라의 강력한 군사력 앞에 크게 위협을 느낀 위나라 왕이 수고를 사신으로 보내 화의를 요청했습니다. 수고가 진나라에 왔다는 사실을 안 범저는 신분을 숨긴 채 초라한 행색을 하고 남몰래 숙소로 찾아갔습니다. 수고는 죽은 줄 알았던 범저가 살아 있다는 사실에 크게 놀랐습니다. 더욱이 범저가 날품을 팔아 먹고산다는 말을 듣고는 과거 일에 대한 미안함에 더해 동정심이 일어나 두꺼운 명주 솜옷 한 벌을 선뜻 내주며 위로했습니다. 그러면서 혹시 진나라 재상 장록과 친한 사람을 알면 줄을 좀 대달라고 부탁했습니다. 눈앞에 있는 범저가 바로 장록이라는 사실은 꿈에도 생각하지 못한 것이지요. 이에 범저가 자신이 식객 노릇을 하고 있는 집안의 주인이 장록을 잘 안다면서, 다리를 놓아줄 테니까 약속한 시간에 재상의 관저로 오라고 했습니다. 그 후 수고는 약속한 날짜에 관저를 방문하고 나서야 비로소 범저가 바로 장록이라는 사실을 알게 되었습니다.

　재상 관저에서 수고를 만난 범저는 과거 그의 죄를 크게 꾸짖었습니다. 수고는 머리카락을 모두 뽑아 죄를 빈다고 해도 부족하다면서 살려달라고 간청했습니다. 당시 범저는 수고의 죄목

세 가지를 상세히 열거하면서 죽임을 당하는 것이 마땅하지만, 전날 다시 만났을 때 자신에게 두꺼운 명주 솜옷을 주고 '옛 정을 그리워하는 마음'을 보여준 점을 이유로 들어 목숨을 살려주었습니다. 그러나 자신에게 모욕을 주고 목숨까지 거두려고 했던 위나라의 재상 위제만은 살려둘 수 없다면서, 당장 위제의 목을 가져오지 않으면 위나라로 군대를 보내 멸망시켜버리겠다고 위협했습니다. 과거의 원한에도 불구하고 옛 정을 그리워하는 마음에 범저에게 귀한 옷을 건네준 수고는 목숨을 건질 수 있었습니다. 반면, 범저의 목숨을 빼앗으려 한 것으로도 모자라 변소에서 오줌 세례를 받도록 하는 모욕을 가했던 위제는 몸을 피해 위나라를 떠난 후에도, 범저의 끈질긴 추격 때문에 이곳저곳을 떠돌다가 끝내 스스로 목숨을 끊는 비참한 최후를 맞았습니다.

이렇듯 수고와 위제의 엇갈린 운명을 보면, 비록 잘못을 저지르고 허물이 있는 사람이라고 하더라도 "모든 일에 인정을 남겨두면 나중에 좋은 얼굴로 만날 수 있다"라는 『명심보감』의 가르침을 되새겨볼 수 있습니다.

가득 차면 덜어 내고
겸손하면 이익을 얻는다

덕으로 대하여 묘족을 평정한 우왕

書曰(서왈) 滿招損(만초손)하고 謙受益(겸수익)이니라.

『서경』에서 말했다. "자만하면 손해를 불러오고, 겸손하면 이익을 받게 된다."

역사라기보다는 신화에 가까운 이야기지만, 요임금이 자신의 아들이 아니라 신하인 순임금에게 왕위를 물려주었다는 것은 잘 알려져 있습니다. 그런데 순임금 역시 자신의 아들이 아닌 '우'라는 신하에게 왕위를 물려주었습니다. 이 우가 바로 고대 중국 최초의 왕조인 하나라를 세운 우왕입니다. 우가 순임금으로부터 왕위를 물려받을 수 있었던 가장 큰 이유는 홍수를 다스리는 치수 사업을 성공시킨 일입니다. 사공의 관직에 임명되어, 순임금으로부터 치수 사업을 완수하라는 명령을 받은 우는 촌음을 아껴가며 잠시도 쉬지 않고 오로지 일에만 매달렸다고 합니다. 그렇게 13년 동안 집에도 들어가지 않은 채 치수에만 온 마음과 온 힘을 다 쏟아부은 결과, 마침내 사업을 성공시킬 수 있었지요. 그 공로를 높이 산 순임금은 우를 하나라의 제후로 삼았습니다.

치수에서 큰 공적을 세운 우왕의 또 다른 치적은 중원을 자주 침범하던 오랑캐 묘족을 평정해 나라와 민심을 안정시킨 것입니다. 우왕은 신하 시절 순임금에게 자주 정치에 대한 의견을 내고 정책에 대한 건의를 했는데, 당시 그가 올린 의견과 건의가 나라를 덕으로 다스린 역대 제왕들의 문서를 수집해 공자가 편찬한 책인 『서경』에 실려 있습니다. 『서경』 가운데 「우서」는 요임금과 순임금의 치적을 기록한 문서로 엮여 있는데, 여기에 '대우모大禹謨'라는 글이 있지요. '대우모'는 우왕이 신하 시절 순임금에게 올린 좋은 의견 또는 훌륭한 건의를 의미합니다.

　『명심보감』의 "만초손하고 겸수익이니라"라는 구절은 바로 '대우모'에 등장하는 구절입니다. 틈만 나면 중원을 침범하는 묘족 때문에 골치가 아팠던 순임금은 우왕에게 묘족을 평정하는 임무를 맡겼습니다. 이에 우왕은 여러 제후들을 모은 다음 출정했지만, 묘족의 강력한 저항에 부딪혀 30일이 다 되도록 이렇다 할 전과를 올리지 못했습니다. 이때 '익'이라는 사람이 무력으로 묘족을 누르기보다는 덕으로 감화시켜야 한다고 충고하며 이렇게 말합니다.

　"오직 덕만이 하늘을 움직이니, 덕은 아무리 멀다 해도 미치지 않는 곳이 없습니다. 자만하면 손해를 불러오고 겸손하면 이익을 받게 되니, 이것이 하늘의 도입니다.(유덕동천 무원불계惟德動天 無遠弗屆, 만초손 겸수익 시내천도滿招損 謙受益 時乃天道)"

　익의 진언에 크게 깨우친 우왕은 군사를 철수했고, 이후 순임금은 묘족에게 널리 덕을 펼쳤습니다. 결국 묘족은 70일 만에 그

덕치에 감복해 굴복했다고 합니다. 우왕은 묘족을 평정한 공으로 조정의 신하들과 백성들 사이에서 큰 존경을 받게 되고 '대우'라는 극존칭을 얻게 되었습니다. 자만하며 강한 힘에만 의존해 묘족을 굴복시키려고 했을 때는 그들의 저항 때문에 손해만 불러왔습니다. 반면 겸손한 마음으로, 힘을 지니고 있으면서도 덕으로 대했을 때 묘족이 감화되어 이익을 얻은 셈입니다. 상대방을 대할 때 항상 '자만'이 아닌 '겸손'으로 대해야 하는 까닭이 바로 여기에 있다고 하겠습니다.

명심보감 인문학

다른 사람이 나를 헐뜯어도
귀먹은 척하며 옳고 그름을 따지지 말라

나라를 몰락에 빠뜨릴 뻔했던 곽애와 승평공주의 부부싸움

我若被人罵(아약피인매)라도 伴聾不分說(양롱불분설)하라,
譬如火燒空(비여화소공)하여 不救自然滅(불구자연멸)이라,
我心等虛空(아심등허공)이나 摠爾飜脣舌(총이번순설)이니라.

내가 만약 다른 사람에게 헐뜯음을 당한다고 해도 거짓으로 귀
먹은 척하며 옳고 그름을 가려 말하지 말라. 비유하자면 마치 불
이 허공에서 홀로 타다가 애써 끄지 않아도 저절로 꺼지는 것과
같다. 내 마음은 허공과 같은데, 줄곧 너의 입술과 혀만 뒤집어질
뿐이네.

사마광의 『자치통감』은 사마천의 『사기』와 더불어 중국 역사서의
쌍벽을 이룬다는 평가를 받고 있습니다. 『자치통감』에서 당나라
시대를 기록한 부분을 읽다 보면 8대 황제 대종과 신하 곽자의에
얽힌 재미있는 이야기를 발견할 수 있습니다.

곽자의는 대종의 할아버지인 현종 때에는 '안사의 난'을 평정
했고, 대종 때에는 토번의 침입을 물리치는 등 몰락의 위기에 처
한 당나라를 구하고 다시 일으킨 최고의 공신이었습니다. 이 때
문에 대종은 자신의 딸 승평공주를 곽자의의 아들 곽애와 결혼시

켰습니다. 당나라 최고의 공신이자 황실의 외척이 된 곽자의의 권세는 하늘을 찌르고도 남았습니다. 그런데 어느 날, 곽자의의 아들 곽애가 승평공주와 부부싸움을 하다가 너무나 화가 난 나머지, 자신의 집안이 아니었다면 당나라는 망하고 황실은 온전하지 못했을 것이라고 말했습니다. 그리고 마음만 먹었다면 자신의 아버지가 황제의 자리에 오를 수도 있었다는 소리까지 하고 말았지요. 아무리 부부싸움 도중 나온 실언이라고 해도 황제의 자리를 운운한 것은 그 자체가 멸문지화를 당할 수도 있는 반역 행위에 해당합니다. 더욱이 곽애의 언행에 분노한 승평공주는 그 즉시 아버지 대종에게 달려가 이 사실을 일러바쳤습니다. 이때 딸의 말을 묵묵히 듣고 있던 대종은 "네 남편의 말이 틀린 것은 아니지 않느냐"라면서 조용히 타이른 다음 돌려보냈습니다.

그러나 이후 사건의 전말을 듣게 된 곽자의는 사안의 중대성으로 볼 때 그냥 넘길 수 없다는 생각에 바로 대종을 알현하고 백배 사죄했습니다. 이때 대종은 곽자의에게 이렇게 말했습니다.

"'속담에 바보가 아니고 귀머거리가 아니면 가장 노릇을 제대로 할 수 없다'는 말이 있지 않습니까. 아녀자들이 규방에서 하는 말까지 하나하나 신경 쓸 필요가 있겠습니까!"

이때 대종이 사위 곽애와 딸 승평공주 간에 오고간 말의 진위와 시비를 따졌다면, 당나라에는 무시무시한 피바람이 몰아쳤을 것입니다. 부부싸움이 한 가문은 물론 황실과 나라를 몰락의 위기에 몰아넣을 수도 있었던 것이지요. 하지만 대종은 이 문제를 '바보처럼 알아도 모르는 척, 귀머거리처럼 들어도 못 들은 척' 처리하는 지혜를 발휘해 단순한 규방의 부부싸움 이상으로 번지지 않도록 했습니다. 이 일화야말로 "다른 사람이 나를 헐뜯어도 귀먹은 척하며 옳고 그름을 따지지 말라"라는 여기 『명심보감』의 가르침에 딱 들어맞는 이야기가 아닐까요? 이보다 더 현명한 처사가 어디에 있겠습니까! 이처럼 『자치통감』에 나오는 대종의 현명함을 마음에 새기기 위해 훗날 사람들은 '귀머거리인 척하고, 벙어리인 척한다'는 뜻의 '장롱작아裝聾作啞'라는 고사성어를 유행시켰습니다. 여기에는 다른 사람에게 헐뜯음을 당했다고 해도 귀머리거리처럼 들어도 못들은 척 하고, 벙어리처럼 말을 하고 싶어도 말을 하지 못하는 척하며, 그 거짓과 진실을 분별하려고 하지 말고 또 옳고 그름을 가리려고 하지 말라는 가르침이 담겨 있습니다. 그렇게 한다면 어떤 헐뜯음을 당한다고 해도, 그로 말미암아 일어나는 근심과 재앙을 피할 수 있다는 것입니다.

◎

현명한 아버지와 형, 엄한 스승과 친구 없이 성공한 사람은 드물다

아버지 여공저와 스승 초천지가 여형공을 교육한 방법

呂滎公曰(여형공왈) 內無賢父兄(내무현부형)하고
外無嚴師友(외무엄사우)요 而能有成者鮮矣(이능유성자선의)니라.

여형공이 말했다. "집 안에는 현명한 아버지와 형이 없고, 집 밖에
는 엄한 스승과 친구가 없으면서 성취할 수 있는 사람은 드물다."

『명심보감』에 실린 이 경구는 『소학』의 「선행편善行篇」에 실려 있
는 '여형공의 고사'에서 인용한 것입니다. 여형공은 이름이 희철
로 '형공'은 봉호입니다. 여형공은 북송의 6대 황제 신종 때의 대
신 신국정헌공 여공저의 맏아들입니다. 여공저는 당대 최고의 학
자이자 사상가이며 정치가였던 사마광과 절친한 친구 사이였을
만큼 학식이 뛰어났고 인품이 출중했습니다. 그는 집에서 여형공
을 비롯한 다른 자식들을 대할 때 사소한 일에 얽매여 전전긍긍하
지 않았다고 하지요. 늘 행동은 무게가 있고, 태도는 엄격했으며,
말은 조심해 삼가고, 세상사와 재물에 크게 마음을 두지 않았다고
합니다. 여형공의 어머니인 신국부인은 성품이 엄격하고 몸가짐

과 행동거지에 법도가 있었습니다. 그녀는 맏아들인 여형공을 매우 사랑했지만, 교육을 할 때만은 어떤 일이든지 반드시 예절과 법도에 맞게 행하도록 했습니다.

이러한 부모의 가르침 덕분에 여형공은 열 살 무렵부터 아무리 춥거나 더워도, 또 눈이 오건 비가 오건 하루 종일 부모를 모시고 서 있는 것을 당연하게 여겼고, 부모가 앉아도 된다는 말을 하기 전에는 감히 앉지 않았다고 합니다. 집 안에 있어도 항상 의관衣冠을 바르게 하고, 집 밖에 나가서는 찻집이나 술집에 함부로 들어가지 않았지요. 또한 저잣거리의 천한 말이나 사악한 음악은 듣지 않고, 사특한 글은 단 한 줄도 읽지 않았으며, 예절과 법도에서 조금이라도 벗어난 행동은 아예 하지 않았습니다.

여공저가 영주에서 통판 벼슬을 할 때, 마침 당송팔대가 중의 한 사람인 구양수가 지주사로 있었습니다. 당시 대학자이자 명문장가였던 구양수의 처소에는 초천지라는 사람이 식객으로 와 있었는데, 그는 몸가짐이 엄숙하고 성품이 강직한 데다 행동이 반듯하고 정의로웠지요. 그래서 여공저는 초천지를 자신의 집으로 초빙해 여형공을 비롯한 모든 자식들을 가르치는 스승으로 삼았습니다. 이때 여형공의 나이 겨우 열 살이었습니다. 그런데 초천지는 여형공과 그의 동생들이 조금이라도 잘못을 하거나 예절과 도리에 어긋나는 행동을 하면, 단정히 앉아서 부른 다음 마주 앉게 하고선 하루해가 저물고 밤이 새도록 한 마디 말도 하지 않았다고 합니다. 그리고 아이들이 두려워하며 스스로 잘못을 뉘우치고 벌을 달게 받아들일 때에야 비로소 얼굴빛을 누그러뜨리고 부드러운 말로 타일렀다고 하지요.

이렇듯 여형공은 이미 열 살 때부터 집 안으로는 현명한 아버지 여공저와 어머니 신국부인에게 가르침을 받고, 집 밖으로는 엄격한 스승 초천지에게 가르침을 받았습니다. 이 때문에 어렸을 때부터 여형공의 덕행과 재능은 남다를 수밖에 없었습니다. 여형공은 장성한 뒤에 자신이 뜻을 성취할 수 있었던 것은 일찍부터 현명한 부모와 엄격한 스승에게 가르침을 받았기 때문이라고 하면서 이렇게 말했다고 합니다.

"집 안에는 현명한 아버지와 형이 없고, 집 밖에는 엄한 스승과 친구가 없으면서 성취할 수 있는 사람은 드물다."

가르침을 받지 못한
남자아이와 여자아이가 장성하면

대의를 위해 자식의 목숨을 직접 끊은 석작

太公曰(태공왈) 男子失敎(남자실교)면 長必頑愚(장필완우)하고
女子失敎(여자실교)면 長必麤疎(장필추소)니라.

태공이 말했다. "남자아이가 가르침을 받지 못하면 장성해서 완
고하거나 어리석게 된다. 여자아이가 가르침을 받지 못하면 장성
해서 반드시 거칠고 엉성하게 된다."

춘추시대 위나라의 대부 석작은 일찍이 자신이 섬긴 위나라의 제
후 장공에게 부모 된 사람은 "자식을 사랑하면 항상 의로움을 따
르도록 가르치고, 요사스럽고 사악한 곳에 빠지지 않도록 반드시
이끌어주어야 한다"라고 간언했습니다. 그리고 부모의 사랑이 지
나쳐서, 제대로 가르치지 않고 자식이 요구하는 것을 다 들어줄
경우 자식을 망치는 네 가지 큰 해악을 초래한다고 했습니다. 그
첫째가 교만함이라면, 둘째는 사치스러움이고, 셋째는 음란함이
며, 넷째는 방탕함이라고 했지요. 자식에 대한 사랑이 지나친 나
머지 귀여워할 줄만 알고 가르침을 소홀히 하는 사람들은 대부분
은 이렇게 말합니다.

"아직 어려서 알지 못하는 것일 뿐이다. 기다렸다가 더 커서 가르친다고 해도 늦지 않다."

이것은 쓸모없는 나무의 싹을 자라게 두어 한 아름이나 되는 큰 나무가 되도록 기다렸다가 베어 없애려고 하는 것이나 다름없는 어리석은 행동입니다. 어린 싹을 잘라내는 것은 쉬운 일이지만 한 아름이나 되는 큰 나무를 베는 것은 어려운 일입니다. 또한 새장을 열어서 새를 놓아주고 제멋대로 날아다니게 한 다음 다시 잡으려고 하거나, 고삐를 풀어서 말을 놓아주고 제멋대로 뛰어다니게 한 다음 다시 잡으려고 하는 일과 별반 다르지 않습니다. 애초에 새장과 울타리에 잡아두고 훈련한 다음 놓아주면 마땅히 다시 새장과 울타리 안으로 들어오도록 할 수 있지만, 처음부터 제멋대로 날아다니고 뛰어다니게 한 다음 어떻게 다시 잡아 훈련할 수 있겠습니까? 이러한 까닭에 석작은 자식을 사랑하면 할수록 반드시 "어렸을 때부터 가르쳐야 한다"라고 역설했습니다. 자식을 사랑할 줄만 알 뿐 가르칠 줄 모른다면, 결국 위태롭고 욕되며 어지럽고 망하는 길로 자식이 빠지도록 방치하는 것과 같습니다. 예쁘게만 여길 뿐 가르치지 않는 사람은 자식을 망치는 사람이지 결코 자식을 사랑하는 사람이라고 말할 수 없다는 뜻입니다.

그렇다면 석작은 과연 자식 교육을 어떻게 했을까요? 이와 관련한 기록이 있습니다. 공자가 저술하고 편찬한 춘추시대 노나라의 역사서인『춘추』에 노나라 학자 좌구명이 주석과 해설을 덧붙인 책이『춘추좌씨전』입니다. 이『춘추좌씨전』의「은공」4년 조에는, 장공의 서자 주우가 석작의 아들 석후와 손잡고 아버지의 뒤를 이어 위나라의 제후가 된 이복형제 환공을 살해하고 권좌를 찬탈한 사건이 기록되어 있습니다.

주우는 권좌에 앉은 후 여전히 민심이 자신을 따르지 않자 석후를 불러 백성의 마음을 자신에게 돌릴 방책을 찾으라고 명했습니다. 이에 고민에 고민을 거듭하던 석후는 자신의 아버지 석작에게 찾아가 도움을 청했습니다. 당시 석작은 천하의 종실인 주나라 천자를 배알하고 주우가 위나라의 제후라는 사실을 인정받으면 민심이 돌아설 것이라고 일러주었습니다. 그러면서 주나라 왕실과 가까운 진나라를 찾아가 천자 배알을 위한 다리를 놓아달라는 요청을 하라고 조언했습니다. 그런데 이런 조언은 반역 사건의 주범인 주우와 석후를 체포해 처형하기 위한 계책이었습니다. 석작의 말에 따라 주우와 석후는 즉시 진나라를 향해 길을 떠났습니다. 이에 석작은 진나라 제후에게 밀사를 보내 군주 시해범으로 두 사람을 체포해 줄 것을 부탁했고, 주우와 석후는 진나라에 도착하자마자 체포되었습니다. 그 뒤 석작은 위나라의 사신 우재추를 시켜 주우를 살해하고, 자신의 가신 누양견을 시켜 석후를 죽였습니다.

좌구명은 군신 간에 지켜야 할 대의를 위해 자신의 자식도 용서하지 않고 극형에 처한 석작의 행동을 높이 칭찬하며 이렇게 말했습니다.

"대의를 위해서는 친족도 살려두지 않은 것은 바로 이 같은 일을 두고 하는 말인가?"

석작의 행동은 자식을 가르칠 때는 위태롭고 욕되며 어지럽고 스스로를 망치는 길에 빠지지 않도록 성심과 정성을 다해 가르치되, 만약 자식이 가르침을 거스르고 결코 용서할 수 없는 큰 죄를 저질렀다면 대의를 세우기 위해서라도 부모 자식 간의 사사로운 정에 얽매여서는 안 된다는 뼈아픈 가르침을 줍니다. 아무리 큰 잘못을 했다고 해도 자식의 목숨을 자신의 손으로 끊어버리는 행동은 쉽게 납득하기 어려운 일이지만, 석작에게는 그것이 자식을 사랑하는 올바른 방법이었는지도 모를 일입니다. 어쨌든 석작과 석후 부자 간의 옛 이야기는 자식을 제대로 가르치지 못했을 경우 겪게 되는 불행과 해악이 얼마나 혹독한지 알려주는 비극적인 사례라고 하겠습니다.

명심보감 인문학

사랑하거든 쓰디쓴 매를 때리고, 미워하거든 맛있는 음식을 주어라

만날 때마다 아들 백금을 매질한 주공

憐兒(연아)어든 多與棒(다여봉)하고 憎兒(증아)어든 多與食(다여식)하라.

아이를 사랑하거든 매를 많이 때리고, 아이를 미워하거든 먹을거리를 많이 주어라.

주공 단은 중국 고대 3왕조 중 하나인 주나라를 세운 문왕의 아들이자 무왕의 동생입니다. 형인 무왕이 사망한 후 스스로 권력을 손에 넣을 힘을 가졌음에도 불구하고 어린 조카인 성왕을 충실히 보좌해 주나라의 백년대계를 닦은 충신 중의 충신이지요. 『논어』 중에는, 공자가 꿈속에서 주공을 만난 지 오래되었고, 자신이 늙어 기력이 약해진 지 오래되었다며 한탄하는 대목이 나옵니다. 공자가 젊어서 모든 힘과 정력을 다해 주공을 배우고 그 가르침을 실천할 때는 항상 사모하고 존경하는 마음을 갖고 있어서 꿈에도 잊지 않고 주공을 만날 수 있었는데, 이제 늙고 기력이 쇠약해져 배움과 실천이 젊었을 때만 못하게 되자 주공이 점점 뜸하게 보이다가 아예 보이지 않게 되었다는 뜻이지요. 이렇듯 주공은 공자가 가장 이상적인 인간형, 즉 성인聖人으로 꼽은 거의 유일한 사람이 었습니다.

주공은 아들 백금이 장성한 이후에도 엄하게 가르치는 것으로 유명했습니다. 어느 때인가 백금이 주공을 세 차례 만나러 갔는데, 주공은 아무 말도 하지 않은 채 만날 때마다 매질을 했습니다. 이때 옆에 있던 강숙봉이 크게 놀라면서 백금에게 현인인 상자를 만나면 매질의 이유를 알 수 있지 않겠느냐면서 함께 찾아가자고 했습니다. 그래서 백금은 강숙봉과 함께 상자를 찾아가 아버지가 자신을 매질한 까닭을 물었습니다.

상자는 남산의 남쪽에 가면 '교橋'라는 이름의 나무가 있으니 보고 오라고 했습니다. 백금과 강숙봉이 그곳에 가서 보니, 그 나무는 위쪽을 향해 매우 높게 솟아 있었습니다. 그것을 보고 난 후 백금과 강숙봉은 다시 상자를 찾아 갔습니다. 그런데 상자는 이번에는 남산의 북쪽에 가면 '재梓'라는 이름의 나무가 있으니 보고 오라고 했습니다. 백금과 강숙봉이 역시 그곳에 가서 보니, '재' 나무는 '교' 나무와는 달리 낮고 낮아서 아래쪽을 향하고 있었습니다. 그것을 보고 난 후 백금과 강숙봉은 다시 상자를 찾아 갔습니다. 상자는 이렇게 말했습니다.

"'재'라는 이름의 나무는 자식의 도리를 나타냅니다."

상자의 말에 크게 깨달은 백금과 강숙봉은 바로 다음 날 주공을 찾아가서는, 문에 들어설 때부터 두려워하듯 조심하고 삼가며 발걸음을 줄여 걷고 마루에 올라서는 무릎을 꿇고 앉았습니다. 그 때서야 비로소 주공은 백금과 강숙봉의 머리를 쓰다듬고 음식을 내주면서 "그동안 어떤 사람을 만났느냐?"라고 물었습니다. 백금과 강숙봉이 "상자를 만났습니다"라고 답하자, 주공은 "상자는 군자로구나!"라며 높여 칭찬했습니다. 상자는 '교' 나무를 통해 '아버지의 도리'를 가르치고, '재' 나무를 통해 '자식의 도리'를 가르친 것입니다.

주공은 천하제일의 권세를 틀어쥐고 있는 아버지를 믿고 자식이 자칫 교만하고 오만해져서 신세를 망치지 않을까 크게 염려했기 때문에, 이렇게 장성한 자식에게 매질을 하면서까지 공경함과 겸손함을 가르쳤습니다. 주공이 세 차례나 매를 때려 가르쳤다는 이 이야기에서 주공의 세 차례 매질을 뜻하는 '주공삼태周公三笞'라는 고사성어가 나왔습니다. 부모 된 사람은 자식을 엄하게 가르쳐야 한다는 것을 알려주는 이 일화는 전한 시대의 학자 유향이 편찬한 『설원』의 「건본편建本篇」에 실려 있습니다.

자식이 공경함과 겸손함을 갖추도록 엄하게 가르쳤던 주공의 또 다른 이야기는 『사기』의 「노주공세가」에 기록되어 있습니다. 주공은 노나라를 분봉으로 받았지만 어린 성왕을 대신해 주나라를 다스려야 했기 때문에 백금을 노공으로 삼아 노나라를 다스리도록 했습니다. 이때 주공이 백금을 노나라로 보내면서 남긴 유명한 말이 있습니다.

"나는 주나라 문왕의 아들이요, 무왕의 동생이며 성왕의 숙부로서 신분과 직위와 권위로 말하자면 세상에서 둘째가라면 서러운 사람이다. 그렇지만 나는 머리를 감다가도 손님이 오시면 머리채를 양손으로 감싸고 맞이하기를 하루에도 세 번씩 했고, 밥을 먹다가도 손님이 오시면 바로 뱉어내기를 하루에 세 번씩 했다. 이렇게까지 하면서 열성을 다했다. 그러면서도 현인을 모시지 못할까 항상 전전긍긍했다. 너는 노나라에 가서 제후랍시고 교만해져서 함부로 사람을 대해서는 안 되느니라."

천하의 권력을 손안에 두고 있는 최고의 권세가가 자식을 가르칠 때도 이렇듯 교만함과 오만함을 경계했는데, 하물며 보통 사람이 거만하고 잘난 체하는 자식을 가르치지 않고 내버려 둔다면 어떻게 되겠습니까? 다른 사람도 아닌 부모가 자신이 가장 사랑하는 대상인 자식을 끝내 스스로 망치는 결과를 불러오고 말 것입니다.

많은 재물을 물려주기보다는
한 권의 경서와 한 가지 기술을 가르쳐라

추노 지방의 대유학자로 불린 위현의 자식교육법

漢書云(한서운) 黃金滿籯(황금만영)이 不如敎子一經(불여교자일경)이요, 賜子千金(사자천금)이 不如敎子一藝(불여교자일예)니라.

『한서』에서 말했다. "황금이 상자에 가득하다고 해도 자식에게 한 권의 경서를 가르치는 것만 못하다. 자식에게 천금의 돈을 물려준다고 해도 자식에게 한 가지 기술을 가르치는 것만 못하다."

『한서』는 중국 역대 역사서 중에서 『사기』에 이은 '두 번째 정사'로 불릴 만큼 중요한 책입니다. 잘 알려져 있다시피, 『사기』는 황제, 전욱, 제곡, 요임금, 순임금 등의 오제시대부터 한나라 무제 시대까지의 역사를 다루고 있는 통사 형식의 역사서입니다. 반면 『한서』는 한나라를 세운 고조 유방부터 '왕망의 난'으로 전한이 멸망하기까지 12대 230년간의 역사를 기록한 왕조사王朝史의 형식을 취하고 있습니다. 『한서』를 저술한 사람은 반고입니다. 그는 『사기』의 부족한 점을 보완해 한나라의 역사를 집필하고자 했던 아버지 반표의 유지를 받들어 스물세 살 때부터 거의 30여 년 동안 혼신의 노력을 기울였고, 그 결과 「제기」 열두 편, 「표」 여덟 편, 「지」 열 편, 「열전」 일흔 편 등 총 100편에 120권으로 이루어진 『한서』를 완성했습니다.

『명심보감』에서 인용하고 있는 경구는 『한서』의 「열전」 중 「위현전」에 나오는 구절입니다. 「위현전」의 주인공 위현은 무제, 소제, 선제 때 활동한 저명한 학자이자 승상의 자리에까지 오른 정치가였습니다. 위현은 어렸을 때부터 오직 학문을 배우고 익히는 일에 전력을 쏟았고, 일찍부터 유가의 경전 연구에서 일가를 이루었습니다. 특히 '위씨의 학문'이라고 일컬어질 만큼 독자적인 학술체계를 세워서, 세상 사람들로부터 '추노대유鄒魯大儒' 즉 '추노 지방의 대유학자'라고 불리며 큰 존경을 받았다고 하지요. 이러한 명성 덕분에 무제 때에는 조정에서 특별히 그를 초청해 오경박사로 삼았습니다. 또한 소제 때에는 황제의 스승이 되었고, 선제 때 이미 일흔이 넘은 고령이었음에도 불구하고 관리가 오를 수 있는 최고의 자리인 승상의 관직을 받았습니다.

위현은 시쳇말로 '자식농사'를 잘 지은 사람으로도 크게 이름을 날렸습니다. 그의 네 아들 가운데 큰아들 위방산은 지방의 현령, 둘째 위굉은 동해태수, 셋째 위순은 유학자로 명성을 얻었습니다. 특히 넷째 위현성은 아버지의 뒤를 이어 승상의 지위에 올랐지요. 이 덕분에 위현의 집안은 부자가 대를 이어 승상을 배출하는 최고의 영광을 누렸습니다. 위현 자신은 물론 네 아들까지 학자로서는 물론이고 정치가로서도 최고의 명성과 지위를 누릴 수 있었던 이유는 무엇이었을까요? 바로 황금과 같은 재물보다

한 권의 경서와 같은 지식과 지혜를 물려주는 것이 자식들을 위해 훨씬 더 낫다고 생각하고 힘써 가르쳤기 때문입니다. 위현과 그 자손들은 세상 사람들에게 "자식들에게 상자 가득 황금을 물려주는 것이 한 권의 경서를 가르치는 것만 못하다"라는 가르침을 몸소 일깨워주는 모범이라 할 수 있습니다.

현명한 사람도 재물이 많으면 뜻을 해치고, 어리석은 사람은 재물이 많으면 허물만 더한다

황태자의 스승이었던 소광이 매일매일 금을 탕진한 이유

疏廣曰(소광왈) 賢人多財(현인다재)면 則損其志(즉손기지)하고,
愚人多財(우인다재)면 則益其過(즉익기과)니라.

소광이 말했다. "현명한 사람이 재물이 많으면 자신의 뜻을 해치
게 되고, 어리석은 사람이 재물이 많으면 허물만 더하게 된다."

소광은 한나라 10대 황제인 선제 때 뛰어난 학문과 인품으로 황태
자(훗날의 원제)의 스승인 태자태부의 자리에 오른 사람입니다. 그
는 약 오 년 동안 황태자를 가르치다가 늙고 병들었다는 핑계를
대고 벼슬을 그만둔 뒤 고향으로 돌아갔습니다. 당시 황제는 소광
에게 특별히 하사금으로 황금 20근을 주었고, 여기에 황태자는 50
근을 더해주었습니다. 고향 집으로 돌아온 후 소광은 매일같이 친
척들, 친구들이며 이웃 사람들을 초대해서 잔치를 벌였습니다. 그
렇게 하고도 소광은 날마다 금이 얼마나 남았느냐고 묻고 집안사
람들에게 더욱 성대하게 잔치 준비를 하도록 독촉하곤 했습니다.
한 해가 지나자 금을 모두 탕진하지나 않을까 염려한 자손들이 마

침내 소광과 절친한 친척 노인에게 찾아가, 아버지가 더 이상 음식을 마련하고 잔치를 벌이는 데 금을 소비하지 않도록 말려달라고 했습니다. 그러면서 지금이라도 남은 금을 가지고 논밭을 사도록 권해달라고 부탁했지요. 친척 노인은 기회를 엿보다가 마침 한가한 틈이 나자 소광에게 자손들이 부탁한 대로 말을 건네면서, 더 이상 하사금을 소비하지 말고 자손들에게 물려주라고 권유했습니다. 그러자 소광은 "현명한 사람이 재물이 많으면 자신의 뜻을 해치게 되고, 어리석은 사람이 재물이 많으면 허물만 더하게 된다"라는 뜻이지요. 소광이 여기에 덧붙여서 한 말은 다음과 같습니다.

"내가 비록 늙어 내일모레 죽을 몸이라고 해서 어떻게 자손들의 앞날을 걱정하지 않겠습니까? 하지만 우리 집안에는 예로부터 내려오는 전답이 있기 때문에 자손들이 부지런하기만 하다면 의식주를 해결하는 데 별 문제가 없습니다. 그런데 만약 여기에 더해 내가 집안의 재물을 늘려주려고 한다면, 단지 자손들에게 게으름과 위태로움만 가르치는 꼴이 되고 말 것입니다. 현명한 사람도 재물이 많으면 자신의 뜻을 해치게 되고, 어리석은 사람은 재물이 많으면 허물만 더하게 됩니다. 재물이 많은 부자는 세상 사람들의 원망을 살 뿐이지요. 나는 이미 늙고 병들어서 자손들을 가르쳐서 올바른 길로 이끌 만한 기력이 남아 있지 않습니다. 그렇기 때문에 다만 자손들이 허물을 더해 세상 사람들로부터 원망을 사는 일이 없게 하려고 할 뿐입니다."

소광은 자손들에게 재물을 많이 물려주면 줄수록 거기에 더해 더욱 많은 허물과 원망을 물려주게 된다고 생각해, 적당한 재물만을 남겨주려 한 것입니다. 이것이야말로 재물이 화가 될 수 있음을 경계하여 몸소 삼가는 가르침이 아니고 무엇이겠습니까?

재주와 녹봉과 재물과 복은
다 사용하지 말고 돌려주어라

손실과 이익에 관한 손숙오와 여공의 고사

王參政(왕참정) 四留銘曰(사류명왈) 留有餘不盡之巧(유유여부
진지교)하여 以還造物(이환조물)하고, 留有餘不盡之祿(유유여부
진지록)하여 以還朝廷(이환조정)하고, 留有餘不盡之財(유유여부
진지재)하여 以還百姓(이환백성)하고, 留有餘不盡之福(유유여부
진지복)하여 以還子孫(이환자손)하라.

왕참정이 「사류명」에서 말했다. "남아 있는 재주를 다 사용하지
말고 남겨두었다가 조물주에게 돌려주고, 남아 있는 녹봉을 다
사용하지 말고 남겨두었다가 조정에 돌려주고, 남아 있는 재물을
다 사용하지 말고 남겨두었다가 백성들에게 돌려주고, 남아 있는
복을 다 누리지 말고 남겨두었다가 자손에게 돌려주라."

왕참정은 북송의 3대 황제인 진종 때의 재상으로, 이름은 왕단입
니다. 왕참정이라고 불리는 이유는 당시 관직 체계상 종이품에 해
당하는 참정의 벼슬을 지냈기 때문이지요. 「사류명」은 '남겨두어
야 할 네 가지'라는 뜻으로, 왕참정이 스스로 경계하기 위해 쓴 글
이라고 할 수 있습니다. '재주와 녹봉과 재물과 복을 다 사용하지
말라'는 「사류명」의 메시지는, 특별히 전한의 회남왕 유안이 쓴

『회남자』의 「인간훈편人間訓篇」에서 인용하고 있는 『노자』 42장의 경구 "물혹손지이익 혹익지이손物或損之而益 或益之而損"과 관련하여 살펴볼 수 있습니다. 이는 곧 "사물 가운데는 간혹 손실이 오히려 이익이 되는 경우도 있고, 이익이 오히려 손실이 되는 경우도 있다"라는 뜻이지요.

유안은 이 구절을 해석하면서, 사람이 세상을 살아가면서 경계해야 할 '세 가지 위험'을 언급하고 있습니다. 첫째는 "덕이 부족하면서 지나치게 총애를 받는 것"입니다. 둘째는 "재주가 모자라면서 지위가 지나치게 높은 것"이고, 셋째는 "큰 공적을 세우지 않았는데 녹봉이 지나치게 많은 것"입니다. 이어 유안은 춘추시대 초나라 장왕 때의 명재상 손숙오의 사례를 들면서 '손실이 오히려 이익이 되는 경우'를 구체적으로 설명하고 있습니다.

손숙오는 나라를 위해 큰 공적을 세우고 장왕으로부터 봉토를 포상으로 받았지만 끝까지 사양하고 받지 않았습니다. 더욱이 죽기 직전에 자신의 아들에게 다음과 같은 유언을 남겼습니다.

"혹시 왕이 너에게 봉지를 주려고 하면, 절대로 기름진 땅을 받지 마라. 다만 초나라와 월나라 중간에 '침'이라는 그다지 높지 않은 산지가 있는데, 그 땅은 기름지지도 않고 좋지도 않아 누구도 갖기를 바라지 않는다. 오래도록 지닐 수 있는 땅은 그곳 이외에는 없으니, 그 땅을 받아라."

손숙오가 죽자, 그가 예측한 대로 왕은 손숙오의 아들에게 좋은 땅을 주고자 했습니다. 그러나 그는 아버지의 유언대로 좋은 땅을 사양하고 침 지역의 구릉 지대를 봉지로 받았습니다. 그 후

숱한 왕권 교체와 권력 투쟁 속에서 귀족들과 신하들은 그들이 차지했던 좋은 땅 때문에 목숨을 잃고 멸문의 재앙을 만났습니다. 그러나 손숙오의 후손들은 오래도록 영지를 유지한 채 가문의 맥을 이을 수 있었지요. "손실이 오히려 이익이 된다"라는 말은 바로 이러한 경우를 가리킨다고 할 수 있습니다.

반대로 '이익이 오히려 손실이 되는 경우'는 춘추시대 진나라의 제후 여공의 사례를 통해 살펴볼 수 있습니다. 여공은 초나라, 제나라, 진나라, 연나라 등 온 천하를 돌아다니면서 정벌 전쟁을 벌였는데, 한 번도 패배하지 않았습니다. 덕분에 천하의 그 어떤 제후보다 넓은 영토와 많은 인구를 보유하고, 가장 부유하고 강성한 제후의 지위에 오를 수 있었습니다. 각국의 제후들은 이러한 여공의 권세와 위엄을 두려워하여 그 앞에 머리를 숙였습니다. 여공의 방약무인함과 교만함, 오만함은 극도에 달했고, 여기에 더해 음란방탕하고 사치스러운 생활이 끝을 알 수 없는 지경에 이르렀습니다. 또 신하들을 잔혹하게 대해서 어질고 현명한 사람은 그의 곁을 떠나고 오로지 아첨하고 살육을 즐기는 간신만이 주변을 가득 채우게 되었습니다. 더욱이 백성들에게 포학하게 굴기까지 해서 민심도 등을 돌렸지요.

어느 날, 여공은 총애하는 신하 장려씨의 집에 놀러 갔다가, 평소 여공의 잔혹 무도한 언행에 큰 불만을 품고 있던 난서와 중행언에게 감금당하는 신세가 되었습니다. 하지만 제후나 신하나 백성 중 어느 한 사람도 여공을 도우러 나서지 않았습니다. 결국 여공은 감금당한 지 석 달 만에 비참한 죽음을 맞았습니다. 여공은 정벌 전쟁의 연이은 승리로 천하에서 가장 부유하고 강성하며 존귀하고 위엄 있는 제후가 되었지만, 성공에 도취된 나머지 방약무인하고 잔혹 무도해져서 결국 제후의 자리를 잃고 처참한 죽임을 당했습니다. "이익이 오히려 손실이 된다"라는 말은 바로 이러한 경우를 가리킬 것입니다.

앞서 살펴본 초나라 손숙오와 진나라 여공의 사례를 통해 얻을 수 있는 교훈은, 『명심보감』에서 강조하는 "재주와 녹봉과 재물과 복을 끝까지 누리려고 해서는 안 된다"라는 가르침과 크게 다르지 않습니다. 이익을 끝까지 누리려고 하지 않으면 오히려 이익을 얻을 수 있지만, 이익을 끝까지 누리려고 한다면 반드시 손해를 보게 됩니다. 그런 의미에서 재주든 녹봉이든, 재물이든 행운이든, 성공이든 세상 그 어떤 것이든, 남김없이 다 사용하거나 누리려고 해서는 안 된다고 하겠습니다. 그래야 복이 화로 바뀌지 않을 것이기 때문입니다.

명심보감 인문학

만족하면 즐겁지만
탐욕스러우면 근심뿐이다

지족의 철학으로 명문가의 명성을 지킨 만석꾼 안지추

景行錄云(경행록운) 知足可樂(지족가락)이요, 務貪則憂(무탐즉우)니라.

『경행록』에서 말했다. "만족을 알면 즐겁고, 탐욕에 힘쓰면 근심뿐이다."

중국의 역대 가훈 중 가장 오래도록 널리 읽힌 가훈을 꼽는다면, 위진남북조시대 말기의 인물 안지추가 지은 『안씨가훈』을 꼽을 수 있습니다. 이 책에서 안지추가 후손들에게 전하려고 한 중요한 가르침 중 하나는 '지족의 철학'입니다. 그는 "욕심은 멋대로 부려서는 안 되고, 뜻은 가득 채워서는 안 된다. 끝 모르는 욕망은 실패와 재앙을 자초할 뿐이다. 가득 채우는 욕심은 귀신도 싫어하기 때문이다"라고 말했습니다. 그러면서 자손들에게 지위와 재물에 관한 지족의 구체적인 기준을 제시해 주었는데, 그 내용은 다음과 같습니다. '첫째, 벼슬은 이천석을 넘어서는 안 된다. 둘째, 세력가와 사돈을 맺어서는 안 된다. 셋째, 식구가 스무 명 정도면 노비도 스무 명을 넘어서는 안 된다. 넷째, 좋은 농토는 10경 정도에

만족하고, 다섯째, 집은 비바람을 막을 정도면 충분하다고 여겨라. 여섯째, 수레와 마차는 단지 지팡이를 대신할 정도면 되고, 일곱째, 재물은 집안의 길흉사 등 급하게 사용할 때 부족하지 않을 정도만 지니고 있으면 된다.' 이천석은 지방 군을 다스리는 태수의 관등에 해당합니다. 안지추는 가진 것이 자신이 정해준 재물과 부귀의 기준에 혹시 미치지 못한다고 해도, 절대로 잘못된 방법과 수단을 사용해 얻거나 모아서는 안 된다고 덧붙였습니다. 그리고 자신이 정해준 기준보다 더 많은 재물과 부귀를 가졌을 경우에는 즉시 형제와 나누고 이웃들에게 베풀라고 했지요.

조선 시대에 무려 12대 300년 동안 만석꾼의 지위를 유지했던 '경주 최부잣집' 또한 안지추의 가르침과 유사한 가훈을 지니고 있었습니다. 바로 '육훈'이라고 불린 가훈입니다. 육훈은 '여섯 가지 가르침'이라는 뜻입니다. '첫째, 과거를 보되 절대로 진사 이상의 벼슬은 하지 마라. 둘째, 재물은 일 년에 만 석 이상 모으지 마라. 셋째, 흉년에는 절대로 다른 사람의 땅을 사지 마라. 넷째, 손님이 찾아오면 신분과 귀천을 구분하지 말고 후하게 대접하라. 다섯째, 시집 온 며느리들은 삼 년 동안 무명옷을 입어라. 여섯째, 주변 백 리 안에 굶어 죽는 사람이 없도록 하라.' 이것이 육훈의 구체적인 내용입니다.

안지추의 『안씨가훈』이나 경주 최부잣집의 '육훈'에는 모두 제멋대로 욕심을 부리지 말아야 하고, 뜻을 가득 채우지 말아야 하며, 벼슬과 부귀에 대한 욕망을 끝까지 추구해서는 안 되고, 다른 사람에게 베풀고 나누면서 살아야 한다는 철학이 담겨 있습니다. 이러한 '지족의 철학' 덕분이었을까요? 안지추의 가문은 당나라 초기 최고의 역사가로 꼽히는 안사고와 중기의 대서예가이자 문장가인 안진경을 배출해 명망 높은 학자 집안을 이루었고, 경주 최부잣집은 17세기 무렵부터 20세기 중엽까지 명문가의 지위를 잃지 않았습니다. 이 두 집안이야말로 "만족을 알면 즐겁고, 탐욕에 힘쓰면 근심뿐이다"라는 『명심보감』 경구의 뜻을 가장 잘 설명해 주는 가훈으로 후손들을 가르쳤다고 하겠습니다. 이 두 집안은 만족을 알고 탐욕을 부리지 않았기 때문에 역설적이게도 수백 년 동안 명문가의 지위와 명성을 누릴 수 있었던 것입니다.

궁색하면 인정도 멀어진다

잃었던 권력을 다시 찾은 맹상군에게 풍환이 건넨 조언

人情(인정)은 皆爲窘中疎(개위군중소)니라.

사람의 정은 모두 궁색한 가운데 멀어진다.

'전국사공자'는 전국시대 말기를 풍미한 인물들로, 제나라 맹상군 전문, 조나라 평원군 조승, 위나라 신릉군 무기, 초나라 춘신군 황헐을 일컫습니다. 그들은 모두 문하에 식객 3000여 명을 거느렸을 만큼 큰 부귀와 권세를 과시했습니다. 그러나 이들 중 빈객과 선비를 좋아해 대접을 즐긴 인물로 치자면 맹상군 전문이 단연 으뜸이었지요.

맹상군이 크게 명성을 얻어 재상의 지위에 오르자, 제나라 왕은 그가 권세를 제 마음대로 휘둘러 왕권을 약화시킨다고 생각하고 조정에서 물러나게 했습니다. 맹상군이 권력을 잃자, 더 이상 섬길 이유가 없다고 판단한 빈객들과 식객들은 모두 그를 떠나버렸습니다. 그런데 이때 떠나지 않고 여전히 옆을 지키고 있던 풍환이라는 자가 수레 한 대를 빌려달라고 했습니다. 그렇게 해주면 진나라로 들어가서 맹상군이 다시 제나라에서 중용될 수 있도록 계략을 펼쳐보겠다고 했지요. 맹상군이 수레와 예물을 갖추어 주자 풍환은 즉시 진나라로 떠났습니다. 진나라로 들어간 풍환은 왕을 만난 다음, 제나라의 힘을 약화시키고 진나라의 힘을 강성하게 하려면, 반드시 제나라 왕에게 버림받은 맹상군을 데려와 중용해야 한다고 말했습니다. 만약 제나라 왕이 잘못을 깨닫고 다시 맹상군을 중용하면 진나라는 제나라의 힘을 억누를 수 있는 절호의 기회를 놓치게 된다면서, 서둘러 수레와 예물을 갖추고 맹상군을 맞이하라고 권했습니다. 이에 진나라 왕은 수레 열 대에 황금 2000냥을 보내서 맹상군을 데려오도록 했습니다.

풍환은 진나라 왕의 사자가 제나라에 이르기 전에 한발 앞서 제나라에 도착해서 왕을 접견한 다음, 지금 진나라 왕이 조정에서 쫓겨난 맹상군을 데려가려고 사신 편에 수레와 황금을 보냈다고 고했습니다. 그리고 설마 맹상군이 고향을 버리고 진나라에 가지는 않겠지만, 만에 하나 그렇게 할 경우 타국에 제나라에 큰 위협이 될 만한 정보와 계책을 제공할 것이라고 겁을 주었습니다. 그러면서 진나라 사신이 도착하기 전에 다시 맹상군을 재상으로 중용한다면 맹상군이 진나라에 가지 않을 것이며, 또한 진나라가 아무리 강성한 나라일지라도 함부로 타국의 재상을 데려가지는 못할 것이라고 말했습니다. 결국 풍환의 말에 설득당한 제나라 왕은 다시 맹상군을 재상으로 임명했습니다. 맹상군을 데리러 제나라로 오던 진나라 사신은 이 소식을 듣고 수레를 돌려 되돌아 갔지요.

이렇게 맹상군이 옛날의 존귀한 지위를 되찾자, 풍환은 지난

날 맹상군을 떠났던 빈객들을 다시 맞아들이려고 했습니다. 하지만 맹상군은 자신이 빈객과 선비를 좋아해 그토록 잘해주었지만, 정작 어려움에 처하자 모두 등을 돌렸던 사실에 대해 섭섭하고 노여운 마음을 토로했습니다. 그리고 만약 그들이 다시 자신을 만나려고 찾아오면 얼굴에 침을 뱉고 큰 욕을 보여 부끄러움을 깨우치게 해주겠다고 말했습니다. 이 말을 듣던 풍환은 맹상군에게 절을 하며 이렇게 말했습니다.

"부귀하면 많은 선비가 모여들고, 가난하고 지위가 낮으면 친구가 적어지는 것은 세상사의 당연한 이치입니다. 시장에 한번 가보십시오. 아침 무렵에는 어깨를 부딪치며 남보다 앞서 시장으로 들어가려고 다투던 사람들이 저녁 무렵이 되면 뒤도 돌아보지 않고 떠나버립니다. 이것은 사람들이 아침을 좋아하고 저녁을 싫어하기 때문이 아닙니다. 날이 저물어 저녁이 되면 자신들이 사고자 한 물건이 시장 안에 남아 있지 않음을 알기 때문입니다. 그대께서 재상의 지위를 잃자 떠나버린 빈객의 마음이 시장을 찾아갔다가 떠나는 사람의 마음과 뭐가 다르겠습니까? 그러므로 빈객을 원망하는 마음에 일부러 그대를 찾아오는 그들을 내쫓지 말고 처음처럼 대우해 주십시오."

풍환의 말을 듣고 크게 깨달은 맹상군은 과거에 자신을 떠나버린 빈객과 선비 중 다시 찾아온 사람들을 잘 대해주어 예전의 명성을 되찾을 수 있었습니다.

이 이야기는 『사기』의 「맹상군열전」에 기록되어 있는데, 여기에 "부귀다사 빈천과우富貴多士 貧賤寡友" 곧 "부귀하면 많은 선비가 모여들고, 가난하고 지위가 낮으면 친구가 적어진다"라는 풍환의 말이 실려 있지요. 이 말은 『명심보감』의 경구와 일맥상통하는 말이라 하겠습니다. 부유할 때는 넘치던 사람의 정이 형편이 어려워지면 멀어지는 것을 잘 보여주고 있기 때문입니다.

하늘의 작용을 알 수 없는 것처럼
사람의 화복도 예측할 수 없다

복이 화가 되고 화가 복이 된 송나라 사람의 기이한 이야기

天有不測風雨(천유불측풍우)요, 人有朝夕禍福(인유조석화복)
이니라.

하늘에는 예측할 수 없는 비와 바람이 있고, 사람에게는 아침저
녁으로 예측할 수 없는 화와 복이 있다.

앞서 소개한 「인간훈편」에는 유명한 '새옹지마'의 고사 외에 천
가지로 변하고 만 가지로 바뀌는 인간사와 세상사의 화복에 대한
또 다른 이야기가 실려 있습니다. 춘추전국시대 송나라에 할아버
지 때부터 삼대가 연이어 선행을 즐겨 베풀던 집안이 있었습니다.
어느 날, 그 집에서 기르던 검은 소가 흰 송아지를 낳았습니다. 해
괴한 일이라고 여긴 아들은 마을의 장로를 찾아가 어떻게 된 일이
겠느냐고 물었습니다. 그러자 장로는 상서로운 조짐이라고 기뻐
하면서 흰 송아지를 귀신에게 바치라고 했습니다. 그런데 일 년
후, 그의 아버지가 아무런 이유 없이 장님이 되는 불행이 닥쳤습
니다. 이때 검은 소가 다시 흰 송아지를 낳았습니다. 장님이 된 아
버지는 아들에게 다시 장로에게 가서 물어보라고 했습니다. 아들

은 지난번에 장로의 말을 듣고 흰 송아지를 바쳤지만 아버지가 장님이 되지 않았느냐 말하며, 왜 다시 물어보라고 하느냐고 따졌습니다. 그러자 아버지는 현명하고 지혜가 뛰어난 사람의 말은 처음에는 틀린 것 같지만 나중에는 반드시 들어맞는다면서, 아직 일의 결과가 다 드러난 것이 아니므로 다시 한번 물어보는 것이 좋겠다고 했습니다. 아버지의 간곡한 말을 뿌리치지 못한 아들은 다시 장로를 찾아갔습니다. 장로는 이번 일 또한 상서로운 징조라면서 그 송아지 또한 귀신에게 바치라고 말했습니다. 장로의 말을 전하자 아버지는 그가 시키는 대로 하라고 했습니다. 일 년이 지나자, 이번에는 아들이 아무런 이유 없이 장님이 되었습니다. 집안사람들은 상서로운 조짐이라면서, 흰 송아지를 바치라고 한 장로의 말을 들었기 때문에 오히려 집안의 기둥과 같은 아버지와 아들이 장님이 되는 화를 입었다고 생각했지요.

그런데 얼마 지나지 않아, 이웃한 강대국 초나라가 공격해 그들이 살고 있던 곳의 성을 포위했습니다. 당시 사람들은 서로 자식을 바꿔서 잡아먹고 뼈를 쪼개 밥을 지어 먹으면서까지 성을 지켰습니다. 초나라에 맞서 싸우던 젊은 사람들이 모두 죽고 나서도, 살아남은 노인과 어린아이 그리고 병자조차 마지막까지 모두 버티면서 끝내 항복하지 않았습니다. 분노한 초나라 왕은 성을 함락한 후 끝까지 저항한 사람들을 모두 죽여버렸습니다. 오직 장님이란 이유로 성에 오르지 않았던 아버지와 아들만이 학살로부터 목숨을 건질 수 있었습니다. 성을 함락한 후에 초나라 왕은 자신의 나라로 돌아갔고, 이들 부자는 장님이 되었을 때와 마찬가지로 알 수 없는 이유로 다시 시력을 회복했다고 합니다.

　이처럼 복이 화가 되고 다시 화가 복이 되는 괴이하고 이해하기 힘든 옛이야기에 유안은 "부화복지전이상생 기변난견야 夫禍福之轉而相生 其變難見也"라며 견해를 덧붙여 놓았습니다. 풀이하자면 이런 뜻이 되지요. "대개 화와 복이란 돌고 돌며 서로 번갈아 생겨나기 때문에 그 변화를 헤아리기 어렵다."

사람은 다가오는 앞일을 알 수 없고, 바닷물의 양은 결코 헤아릴 수 없다

앞날의 재앙과 관련한 춘신군과 기자의 고사

太公曰(태공왈) 凡人(범인)은 不可逆相(불가역상)이요, 海水(해수)는 不可斗量(불가두량)이니라.

태공이 말했다. "평범한 사람은 다가올 자신의 운명을 점칠 수 없고, 바닷물의 양은 한 말 두 말로 측량할 수 없다."

전국시대 말기에 한 시대를 풍미하고 호령한 '전국사공자'에 대해서는 앞서 말씀드렸지요. 이들 중 한 사람인 춘신군은 초나라의 재상으로 최고의 권세를 누렸습니다. 어느 날, 춘신군에게 이원이라는 자가 찾아와 자신의 여동생을 애첩으로 바쳤습니다. 얼마 지나지 않아 그 여인은 춘신군의 아이를 임신했지요. 그런데 그 사실을 안 이원은 여동생과 계략을 꾸민 다음, 춘신군에게 임신한 자신의 여동생을 고열왕에게 바치도록 했습니다. 당시 고열왕은 다음 왕위를 이을 아들을 낳지 못하고 있었습니다. 이원은 자신의 여동생이 임신한 춘신군의 아이를 고열왕의 아이로 속일 수 있다면, 춘신군은 차기 왕의 아버지가 되어 권력과 부귀영화를 누릴 것이라고 유혹한 것입니다. 춘신군은 이원과 그 여동생의 제안을 받아들여 애첩을 고열왕에게 바쳤습니다. 고열왕의 후궁이 된 춘신군의 애첩은 사내아이를 낳았고, 그 사내아이는 초나라의 태자가 되었습니다. 춘신군의 애첩은 왕후의 자리에 올랐지요. 그런데 이때부터 이원은 다른 마음을 먹게 됩니다. 혹시라도 춘신군의 입에서 비밀이 새어나가 자신은 물론 여동생과 태자까지 큰 봉변을 당하지 않을까 전전긍긍한 나머지, 춘신군을 죽일 결심을 한 것입니다. 이원은 이를 위해 비밀리에 군사들을 양성했습니다.

춘신군이 재상이 된 지 이십오 년이 되던 해, 고열왕이 병에 걸려 자리에 눕게 되었습니다. 당시 주영이라는 사람이 춘신군을 찾아와 이렇게 말했습니다.

"세상에는 예기치 않게 복이 찾아오기도 하지만, 또한 생각지도 못한 재앙이 찾아오기도 합니다."

이에 춘신군은 무엇이 '예기치 않은 복'인지 물었습니다. 주영은 "그대는 사실상 초나라의 왕이나 다름없습니다. 초나라 왕은 얼마 지나지 않아 숨을 거둘 것입니다. 그렇게 되면 그대는 어린 임금을 도와 나랏일을 한다는 명분을 앞세워 초나라를 차지할 수 있을 것입니다. 이것이 예기치 않게 찾아온 복입니다"라고 말했습니다. 춘신군은 다시 '생각지도 못한 재앙'은 무엇인지 물었습니다. 그러자 주영은 "이원은 그대 때문에 자신이 권력을 잡지 못할까 봐 염려하고 있습니다. 그는 그대를 원수로 여겨서 오래전부터 죽음을 각오한 용맹한 군사들을 훈련시키고 있습니다. 지금 병으로 누워 있는 왕이 죽으면 이원은 반드시 당신을 죽일 것입니다. 이것이 생각지도 못한 재앙입니다"라고 답변했습니다.

명심보감 인문학

주영의 충고에도 불구하고 권세에 취해 교만함에 빠져 있던 춘신군은, 이원은 겁 많고 나약한 사람이라면서 주영의 말을 대수롭지 않게 흘려들었습니다. 이때로부터 십칠 일 후 고열왕이 사망하자, 주영이 예측한 대로 이원은 비밀리에 훈련시킨 군사들을 숨겨놓고 춘신군을 기다리다 그 목을 베어버렸습니다. 그리고 즉시 관리를 보내 춘신군의 가문을 몰살시켰습니다. 사마천은 일찍이 춘신군이 진나라 소왕을 설득해 볼모로 있던 초나라 태자 웅완(훗날의 고열왕)을 돌아오게 한 일에 대해 "얼마나 뛰어난 지혜인가?"라면서 극찬을 아끼지 않았습니다. 하지만 춘신군은 이후 나이가 든 데다 권세에 취해 교만해져서 판단력이 흐려져 눈앞에 다가오는 재앙을 알려주어도 알아채지 못했다고 비판했지요. 그런 의미에서 아무리 뛰어난 지혜와 식견을 갖춘 사람이라고 해도 권력의 맛에 빠져 판단력이 흐려지게 되면 어리석은 범부凡夫가 되고 만다는 사실을 새겨야 하겠습니다. "범인 불가역상凡人 不可逆相"이라는 말과 같이, 권력의 맛에 빠져 어리석은 범부로 전락하면 눈앞에서 불 보듯 뻔히 재앙이 일어날 조짐이 생겨도 깨닫지 못하게 되니까요.

한편, 어리석은 범부의 수준을 뛰어넘어 다가올 앞날의 화와 복을 예측하고 대처함으로써 자신의 운명을 개척했던 사람들도 있습니다. 이들은 어떻게 그렇게 할 수 있었을까요? 이것은 '견소왈명見小曰明'으로 설명할 수 있습니다. 곧 사소한 데서 나타나는 일의 기미와 조짐을 헤아리고 살펴서 화와 복을 예측한 다음 대처하는 것이지요. 예를 들어, 상나라의 기자는 주왕이 아직 사치스럽고 음탕하며 방약무인하고 잔혹 무도한 임금으로 변하기 전에, 이미 주왕이 장차 폭군이 될 기미와 조짐을 상아 젓가락 하나로 내다보았습니다. 주왕이 상아 젓가락을 만들자, 기자는 그것을 사용하게 되면 그에 걸맞게 흙 그릇이 아닌 무소뿔과 옥으로 만든 그릇을 찾게 되고, 무소뿔과 옥으로 만든 그릇을 사용하게 되면 그에 걸맞게 다시 야채나 나물이 아닌 희귀하고 맛있는 짐승의 고기를 찾게 되고, 희귀하고 맛있는 짐승의 고기를 먹게 되면 그에 걸맞게 검소한 옷과 초가집을 거부하고 반드시 비단옷을 두르고 고대광실에서 살려고 할 것이라고 생각했습니다. 시작은 단지 한 벌의 상아 젓가락이지만, 마지막은 화려한 궁궐과 호화롭고 사치스러운 생활로 귀결되리라고 예측한 것이지요.

화려하고 고급스러운 생활을 하게 되면 그를 위해 백성의 고혈을 빨게 되고, 백성의 고혈을 빨게 되면 점점 방약무인하고 잔혹 무도한 임금으로 변하게 되고, 방약무도하고 잔혹 무도한 임금으로 변하게 되면 마침내 백성의 마음이 돌아서고, 백성의 마음이 돌아서면 나라를 보존하기 어렵게 되고 맙니다. 기자는 주왕이 상아 젓가락을 만든 아주 사소한 일에서 나라가 멸망하는 기미와 조짐을 보았습니다. 실제 주왕은 기자가 예측한 미래의 재앙을 실현시켰고, 폭군이 되어 상나라를 멸망의 나락으로 몰아넣었습니다.

그럼 앞날을 내다본 기자는 어떤 방법으로 주왕으로부터 화를 피할 수 있었을까요? 처음 그는 주왕에게 잘못을 고치라는 충언과 간언을 적극적으로 올렸습니다. 그러나 주왕이 충고를 듣지 않고 오히려 더욱 음탕하고 오만하며 잔혹 무도하게 행동하자, 일부러 머리를 풀어헤치고 미친 척해 스스로 감옥에 갇히는 신세가 되었습니다. 그리고 훗날 무왕이 주왕을 정벌하고 새로이 주나라를 세웠을 때 감옥에서 풀려났지요. 이렇듯 옛 성현들은 일의 기미와 조짐을 밝게 살펴서 예측하기 힘든 앞날의 화와 복을 내다보았기 때문에 자신의 운명을 개척할 수 있었다고 하겠습니다.

지나간 일은 거울처럼 밝지만,
다가올 일은 칠흑처럼 어둡다

점괘에 관한 흥미로운 이야기

過去事(과거사)는 明如鏡(명여경)이요, 未來事(미래사)는 暗似
漆(암사칠)이니라.

과거의 일은 밝기가 거울과 같고, 미래의 일은 어둡기가 칠흑과
같다.

지혜롭고 현명한 사람도 미래의 일에 대한 불안과 두려움 때문에
이른바 '복서卜筮' 즉 점을 치고 점괘를 보아 앞날을 예측하는 경우
가 다반사입니다. 사람의 능력으로 다가올 앞날의 일을 안다는 것
은 참으로 어려운 일입니다. 이 때문에 공자가 살던 시대나 오늘
날에나 복서에 의존하는 사람의 심리는 별반 달라지지 않았다고
해도 틀린 말이 아닙니다. 사마천은 『사기』의 「귀책열전」에 고대
복서가들에 관한 이야기를 모아놓았는데, 이를 읽어보면 흥미로
운 사실을 알 수 있습니다. 오늘날 우리의 상식과는 다르게, 오히
려 옛사람들은 점괘를 보되 점괘에만 의존해 일을 결정하지 않았
다는 것이지요.

먼저 사마천은 점괘 그대로 실제 길흉의 징조와 응험應驗이 나

타난 역사적 사례를 열거합니다. 주나라의 주공은 태왕, 왕계, 문왕에게 기도를 하고 세 번 거북점을 점을 쳐서 무왕의 병이 완쾌되도록 했고, 상나라의 주왕은 길하다는 점괘를 얻기 위해 커다란 거북으로 점을 쳤지만 뜻하던 결과를 얻지 못하고 멸망에 이르렀습니다. 진나라의 헌공은 미모가 뛰어났던 여희를 왕후로 삼기 위해 본 점에서 길하다는 점괘를 받았는데, 그 재앙이 무려 5대에 이르기까지 계속되었습니다. 또한 초나라 영왕은 주나라 왕실을 배반하기 전에 거북점을 쳐서 조짐이 불길하다는 답을 얻었고, 결국 건계전투에서 패배하고 달아났다가 목을 매 자결하는 최후를 맞았습니다. 이러한 이유로 사마천은 예로부터 군자는 "복서를 가볍게 생각하고 신명을 믿지 않는 사람은 도리에 어긋난 사람으로 여겼다"라고 말했습니다.

그런데 이와 동시에 사마천은 "사람의 도리에 어긋나는 행동을 하면서 오직 점괘의 상서로움만 믿고 일을 하는 사람에게는 귀신도 결코 바르게 알려주지 않는다"라는 경고도 합니다. 점괘가 아무리 길하고 상서롭다고 해도 도리를 다하지 않는 사람에게는 점괘의 신통함도 별 효과를 낼 수 없다는 얘기입니다. 다시 말하면, 사마천은 점괘만으로는 결코 길흉화복을 내다볼 수 없다고 본 것입니다. 그래서 『서경』의 한 구절을 인용하면서, 옛 성군과 현인도 의심스러운 일과 국가의 중대사를 결정할 때 '오모' 즉 '다섯 가지 방법'으로 살피고 헤아려 결론을 얻었다고 했지요. 다섯 가지 방법이란 첫째 자신의 생각, 둘째 신하, 셋째 백성, 넷째 복, 다섯째가 '서'입니다. 이 경우 복이란 거북점을 말하고, 서란 시초점著

候占을 말합니다. 어쨌든 미래를 가늠하는 데 이 다섯 가지 방법을 썼으니, 복서는 여러 방법 중 일부에 불과했다는 뜻입니다.

사마천은 옛 성군과 현인이 이렇게 다섯 가지 방법으로 살피고 헤아린 까닭은 복서에만 의지해서는 안 된다는 사실을 밝히기 위해서라고 역설했습니다. 실제 그들이 복서의 점괘에만 의지해 중대사를 결정하지 않았다는 사실은 주나라를 개국한 무왕과 그의 책사 강태공의 고사를 통해서도 확인할 수 있습니다. 『사기』의 「제태공세가」를 보면, 무왕이 폭군 주왕을 정벌하기 위해 군대를 동원할 때 거북점을 쳤는데, 불길한 점괘가 나왔습니다. 때마침 심한 비바람까지 몰아쳐서 천명이 아직 주왕에게 이르지 못한 것이 아닌가 하는 두려움과 불안감을 더욱 부추겼습니다. 이에 무왕을 비롯해 그 주변에 자리하고 있던 신하들과 장군들이 모두 두려움에 떨며 군사적 행동에 돌입하기를 머뭇거리며 주저했습니다. 하지만 유독 강태공만은 강력하게 군사 동원을 권했고, 마침내 무왕은 전쟁터로 나서 목야에서 주왕의 군대를 대패시키고 끝까지 주왕의 뒤를 쫓아가 목을 베었습니다. 만약 당시 무왕이 거북점에만 의존해 군대를 물렸다면 상나라와 주나라의 운명이 어떻게 바뀌었을지 모를 일입니다. 그렇다면 강태공은 왜 거북점은 물론 비바람 등 자연현상까지 불길한 조짐을 보이는데도 주왕 정벌을 강력하게 주장했던 것일까요? 그는 이미 신하들, 장군들과 군사들이 무왕에게 전적으로 복종하고 있고, 주왕의 포악무도한 행각에 질릴 대로 질린 백성의 마음이 무왕에게로 돌아섰으며, 군대는 잘 훈련되어 정비되어 있다는 사실을 완벽하게 파악하고 있었습니

　　　　　　　　　　　　　　명심보감 인문학

다. 강태공은 이미 대세를 판가름할 정도로 상황이 무르익고 준비가 되어 있는데 단지 점괘만 보고 국가의 중대사를 결정한다면, 이보다 더 우매한 짓은 있을 수 없다고 생각했던 것입니다. 옛 성군과 현인에게 아무리 점괘가 중요하다고 해도, 그것은 일을 결정할 때 고려하는 여러 가지 요소 중 하나에 불과할 뿐 절대적이고 결정적인 요소는 될 수 없었다는 뜻입니다. 또한 점괘에만 의존해 일을 추진하는 것만큼 어리석은 일은 없다는 뜻이기도 합니다.

쓸모없는 말과 급하지 않은 일은 그냥 내버려 두어라

성악설의 창시자 순자가 강조한 사람이 일으키는 세 가지 재앙

荀子曰(순자왈) 無用之辯(무용지변)과 不急之察(불급지찰)은 棄
而勿治(기이물치)이라.

순자가 말했다. "아무 쓸모없는 말과 급히 살피지 않아도 되는 일
은 그냥 버려두고 신경 쓰지 말라."

춘추전국시대 제후들은 침략과 정복 전쟁, 부국강병에만 국력을
쏟은 것이 아니라 국가의 학문과 문화 역량을 높이는 데도 큰 힘
을 쏟았습니다. 그런 노력의 대표적인 결실이 전국시대 중기 제
나라 위왕과 선왕이 세운 '직하학사稷下學舍'입니다. 위왕과 선왕
은 제나라 수도 임치에 있는 열세 개 성문 중 서쪽 문인 직문 아래
대규모의 학자 단지를 세우고, 뛰어난 학문과 재능을 가진 각지의
선비들을 초빙하여 우대했습니다.

전국시대에 이름깨나 알린 대학자치고 이곳을 거치지 않은
사람이 없었으며, 이곳에 모인 사람들은 '직하학사稷下學士'라고 불
리며 크게 존경을 받았습니다. 맹자도 한때 이곳에 머무른 것으로
보아 그 학문적 명성을 짐작해볼 수 있습니다. 특히 이곳에서 제

사의 책임을 맡는 제주는 학문에 있어서 최고의 권위와 존경을 받는 사람만이 될 수 있었습니다. 그렇다면 이 직하의 학사들 중 가장 뛰어난 학문적 업적을 남긴 사람은 누구일까요? 바로 '성악설'을 주창한 사상가로 익히 알려져 있는 순자입니다. 기록에 따르면, 순자는 직하학사에서 최고의 권위와 존경을 누리는 제주의 직위를 세 차례나 역임했다고 합니다. 최고의 석학으로서 학문의 중심지에서 당대 최고의 학사들을 거느리면서 크게 명성을 떨쳤던 것입니다.

'성선설'을 주창한 맹자는 기원전 372년경에 태어났고, 순자는 기원전 298년경에 태어났습니다. 순자가 맹자보다 74년 후에 태어난 셈입니다. 맹자는 기원전 289년경에 세상을 떠났으니까, 그때 순자의 나이는 열 살 전후였을 것으로 추정할 수 있습니다. 이 둘은 살아생전 만날 일이 없었지만 인간 본성에 대한 상반된 주장과 이론으로 늘 함께 거론되곤 하지요.

순자는 맹자의 성선설에 대해 극히 비판적이었습니다. 특히 침략과 정복 전쟁이 횡행하는 전국시대에 사회적 분열과 혼란을 제거하는 것을 자기 사상의 실천적 과제로 삼았던 순자에게 맹자의 성선설은 지독히도 관념적인 주장에 불과했습니다. 맹자의 성선설을 비판하면서 순자는 이른바 성악설을 주창하는데, 이 주장의 핵심은 '인간의 본성은 악하며, 선이란 인위적인 것이다'라고 할 수 있습니다. 인간의 악한 본성을 그대로 따르면 사회적 쟁탈과 혼란이 생기므로, 교육이라는 후천적 훈련과 예라는 사회적 제도에 따라 악한 본성을 교정해야 한다는 것이지요.

이와 같은 사상은 유가에서 이단시되었습니다. 그의 성악설은 법가의 인간 본성론과 일맥상통합니다. 예를 사회적 제도로 하여 인간과 사회를 다스리려 하는 것은, 법가가 법을 사회적 제도로 하여 인간과 사회를 다스리려 하는 것과 비슷하다고 할 수 있지요. 차이가 있다면 인간의 악한 본성을 예로 다스릴 것이냐 법으로 다스릴 것이냐 하는 정도입니다. 이와 같은 유사성은, 순자의 문하에서 법가의 대표적 사상가인 한비자와, 법치를 앞세워 진시황이 통일제국을 세우는 데 일등공신 역할을 한 이사가 배출되었다는 사실에서도 추론할 수 있을 것입니다. 그런 점에서 순자는 유가와 법가의 경계선상에 서 있는 사상가라고 하겠습니다.

『명심보감』에 실려 있는 순자의 말은 그가 저술한 『순자』의 「천론편天論篇」에 나옵니다. 순자는 정작 두려워해야 할 재앙은 두려워하지 않고, 두려워할 필요가 없는 일에 대해서는 재앙이라고 호들갑을 떨면서 겁을 내는 사람들의 어리석음을 힐책합니다. 사람들은 하늘에서 별이 떨어지거나 사당에 심어놓은 나무가 울면 뭔가 변고가 생길 기미나 징조라면서 두려워했지요. 고대 중국인들에게 가장 큰 공포와 두려움 그리고 공경의 대상은 다름 아닌 천문과 자연현상이었습니다. 사람의 능력으로 제어하지 못하는 천문과 자연현상을 하늘이 사람에게 내리는 재앙, 또는 재앙을 내리기 전에 보내는 징조라고 생각해 두려워했습니다. 특히 그것이 괴이하면 괴이할수록 공포와 두려움은 더욱 컸습니다. 그러나 순자는 별똥별이 떨어지는 일이나 나무가 소리를 내거나 눈물을 흘리는 일 또는 일식과 월식 등은 비록 드물고 별난 현상이기는 하지만 분명 천지의 변화이고 음양의 조화에 불과하므로 무서워할 필요가 없다고 역설합니다.

순자는 정작 두려워해야 할 것은 천문이나 자연현상에 의한 재앙이 아니라 사람이 일으키는 재앙이라고 말합니다. 특히 그는 사람이 일으키는 '세 가지 재앙'을 자세히 밝히면서, 이것들을 그대로 두면 일신을 망치고 일국을 망하게 할 것이라고 경고합니다. 그럼 순자가 말하는 세 가지 재앙이란 무엇일까요? 첫째, 흉년이 들었는데 나라에서 세금을 가혹하게 거두어들이고, 곡물값이 비싸 백성들이 굶주리는 것으로도 못자라 길거리에 죽은 시체가 즐비하게 방치되는 일입니다. 둘째, 조정의 명령이나 나라의 법령이 명확하지 않고, 군사를 동원하거나 토목 공사를 일으키는 데 두서가 없고 혼란스러워서 근본이 되는 일이 제대로 시행되지 않는 것입니다. 마지막으로, 예의가 바로 서지 않고 안팎의 분별이 없고 남녀가 음란하여, 부자간에 서로 의심을 품게 되고 군신 사이가 어긋나 신하와 백성들이 떠나고 설상가상으로 도적이 난리까지 일으키는 상황입니다.

이러한 재앙이 진실로 처참하고 참혹한 일이지, 괴이한 천문과 자연현상 또는 집에서 기르는 가축에게 일어나는 괴상한 일 따위는 재앙이라고 할 수 없으며, 따라서 겁을 먹을 필요도 없다는 게 순자의 주장입니다. 그러면서 순자는 다음과 같은 말로 자신의 생각을 마무리 짓습니다. "천문과 자연 또는 만물의 괴이한 현상은 기록하되 따로 해석하거나 설명하지 않는다." 그 이유는 아무 쓸모없는 말과 급히 살피지 않아도 되는 일은 그냥 내버려 두고 신경 쓸 필요가 없기 때문입니다. 순자에게 아무 쓸모없는 말과 급히 살피지 않아도 되는 일이란, 세상 사람들이 재앙이라며 두려워하는 천문과 자연현상 혹은 가축에게 일어나는 괴상한 일입니다. 반면 '사람이 일으키는 세 가지 재앙'이야말로 진정 경계해야 하는 것이라고 할 수 있습니다.

운이 따르면 바람이 불고,
운이 따르지 않으면 벼락이 친다

'진인사대천명'과 관련한 왕발과 문정의 고사

時來風送滕王閣(시래풍송등왕각)이요 運退雷轟薦福碑(운퇴뢰
굉천복비)니라.

때를 만나면 바람이 불어 등왕각으로 보내고, 운이 없으면 벼락
이 쳐서 천복비가 깨지네.

등왕각은 당나라 고조의 아들 이원영이 세운 누각으로, 지금의 중
국 강서성 남창시 신건현에 자리하고 있습니다. 당나라 초기에 양
형, 노조린, 낙빈왕과 더불어, 시문에 뛰어난 재주가 있다고 해서
'초당사걸初唐四傑'이라고 불린 왕발이라는 인물이 있었습니다. 왕
발은 어린 시절 호남성 북부에 있는 동정호 부근에서 머물 때 어느
날 꿈을 꾸었습니다. 한 노인이 9월 9일에 등왕각 중수重修를 위한
낙성잔치에서 중수서문을 짓는 백일장이 열릴 테니, 그 자리에 참
석해 문장을 지으라고 일러주는 꿈이었습니다. 왕발이 꿈을 꾼 날
은 9월 7일이었습니다. 그런데 그가 있는 곳에서 등왕각까지는 무
려 700여 리나 떨어져 있었습니다. 시간으로 보나 거리로 보나
9월 9일까지 등왕각에 도착하는 것은 불가능한 일이었습니다. 하

지만 왕발은 너무도 생생한 그 꿈을 도무지 잊을 수가 없어서 무작정 등왕각으로 가는 배에 올라탔습니다. 그런데 때맞춰 순풍이 불어 정해진 날짜와 시간에 무사히 도착해「등왕각서」를 지을 수 있었습니다. 이때 지은「등왕각서」는 명문장으로 큰 명성을 얻게 되었고, 이후 왕발은 천하에 크게 이름을 떨치게 되었습니다. 왕발의 이야기는 운이 따르면 때에 맞춰서 모든 일이 순조롭게 이루어진다는 점을 알려줍니다.

뒤이어 나오는 천복비 이야기는 운이 작용하는 데는 정반대의 경우도 존재한다는 사실을 일깨워줍니다. 천복비는 강서성 파양현에 있던 천복사 경내의 비석이었는데, 당나라 때 명필가 구양순이 비문을 쓴 것으로 유명했습니다. 북송 초기 때 재상을 지낸 구준에게는 문정이라는 매우 가난한 문객이 있었습니다. 문정은 당대의 고명한 정치가이자 학자였던 범중엄에게 시를 지어 자신의 어려움을 호소했고, 사정을 딱하게 여긴 범중엄은 천복사 비문을 탁본해 오면 후하게 보수를 지불하겠다고 했습니다. 이에 문정은 수천리 길을 달려가서 천복사에 도착했습니다. 하지만 뜻밖에 그날 밤 벼락이 쳐서 비석이 산산조각 나는 바람에 탁본을 얻을 수 없었다고 합니다. 문정의 이야기는 운이 따르지 않으면 아무리 애를 쓴다고 해도 일이 잘 풀리지 않는다는 것을 알려줍니다.

옛 사람들은 운은 사람이 관리하고 통제할 수 있는 영역 밖에 존재한다고 믿었습니다. 사람의 의지에 따라 어떻게 할 수 있는 문제가 아니라는 뜻입니다. 그러므로 '진인사대천명' 즉 일을 할 때는 사람으로서 할 수 있는 최선의 노력과 능력을 쏟되 그 후에는 하늘의 뜻을 기다릴 줄 알아야 한다고 생각했습니다. 이 말은 일의 성사 여부는 운의 유무에 있으니, 아무 일도 하지 않고 그저 운만 바라보고 있으라는 것은 아닙니다. 오히려 운이 있는가 없는가는 사람이 판단할 수 있는 것이 아니므로, 사람이 어떻게 할 수 없는 운을 지나치게 따지거나 믿어서는 안 된다는 얘기로 들어야 합니다. 또한 사람의 노력이나 능력과는 무관하게 일에는 운이란 것이 작용하기 때문에, 그 성패 여부에 지나치게 낙심하거나 낙담할 필요가 없다는 의미로 새겨야 합니다. 인간의 능력, 노력과 운의 작용은 별개의 문제여서, 그것들은 때로 일치하기도 하지만 때로 어긋나기도 합니다. 사람의 능력과 노력만으로 성사되는 일도 있고, 운이 작용해서 성사되는 일도 있고, 운이 작용하지 않아서 실패하는 일도 있기 마련입니다. 특히 왕발의 고사는 사람으로서 할 수 있는 일을 하되 담담하게 운의 작용을 기다릴 줄 알아야 한다는 가르침을 깨우쳐줍니다. 만약 왕발이 정해진 날짜까지 등왕각에 도착할 수 없다고 지레 짐작해 포기해 버렸다면 아무리 순풍이 불었다고 해도 아무 소용이 없었을 것입니다. 그런 점에서 불가능한 일이라는 것을 알면서도 무작정 배에 오른 것이 왕발의 '진인사'라면, 때맞춰 순풍이 불어준 것은 '대천명'이라고 할 수 있습니다.

법을 두려워하면 즐겁고, 관청을 속이면 근심뿐이다

진나라를 최강대국으로 도약시킨 상앙의 법치 정신

懼法朝朝樂(구법조조락)이요, 欺公日日憂(기공일일우)니라.

법을 두려워하면 날마다 즐겁고, 관청을 속이면 날마다 근심스럽다.

중국 대륙의 서쪽 변방에 자리하며 오랑캐 취급을 당했던 진나라가 전국시대를 주름잡는 최강대국이 되고, 진시황 시대에 이르러 천하를 통일할 수 있었던 힘의 원천은 무엇이었을까요? 많은 역사가들이 효공 때부터 6대에 걸쳐 끊임없이 추진한 변법 개혁과 부국강병책이라고 보고 있습니다. 여기에서 6대란 효공, 혜문왕, 무왕, 소양왕, 효문왕, 장양왕을 말합니다. 특히 효공이 세운 '법치를 통한 상무정신'은 진시황 대에 이르기까지 진나라가 일관되게 유지한 기본 국가 정책이었는데, 앞서 말했듯 이 정책은 천하통일을 이루는 데 결정적인 역할을 했습니다.

진나라를 서쪽 변방의 일개 오랑캐 나라에서 천하를 호령하는 최강대국으로 도약시킨 효공의 '법치'를 설계하고 집행한 인물은 위나라 출신의 재상 상앙입니다. 사마천이 지은 『사기』의 「상군열전」은 상앙을 다룬 전기인데, 여기에는 그가 어떻게 진나라에 '법치'를 세웠는지 보여주는 흥미로운 일화가 기록되어 있습니다.

구법舊法을 폐지하고 신법新法을 제정한 상앙은 어떻게 하면 진나라 백성들이 신법을 지키게 할 수 있을까 고민했습니다. 이때 생각해낸 묘책이 관청에서 시행하는 일을 믿고 따르면 포상을 받는 즐거움을 누릴 수 있다는 점을 백성들의 머리에 각인시키자는 것이었습니다. 그래서 신법을 공포하기 전에, 도성 저잣거리의 남쪽 문에 세 길 높이의 나무를 세우고 "여기 이 나무를 북쪽 문으로 옮기면 포상금으로 10금을 주겠다"라고 했습니다. 그러나 상앙의 말을 반신반의한 백성들은 고개만 갸우뚱거릴 뿐 누구하나 선뜻 나서지 않았습니다. 이에 상앙이 포상금을 50금으로 올리자, 어떤 사람이 설마 이런 일에 그런 거금을 주겠느냐는 의심을 품은 채 그저 시험 삼아 나무를 북쪽 문으로 옮겨놓았습니다. 상앙은 즉시 그 사람에게 약속한 포상금을 주었습니다. 이렇게 황당무계한 것이라고 해도 관청에서 약속한 일이면 반드시 실행된다는 사실을 직접 보여준 다음, 비로소 상앙은 신법을 공포했습니다. '세 길 높이의 나무'로 백성들에게 앞으로 관청의 법치를 따르는 자에게는 이로움이 있을 것이라는 사실을 가르친 것입니다. 이는 곧 관청의 법치를 따르지 않고 속이는 자에게는 형벌의 근심이 있을 뿐이라는 사실을 아무런 시범도 보이지 않고 알려주는 효과도 있었습니다.

그런데 신법이 공포되어 시행된 지 약 일 년이 지나자, 새로운 법 때문에 피해를 본 사람들이 여기저기서 불만을 털어놓기 시작했습니다. 이때 태자가 법을 어기는 사건이 발생했습니다. 상앙은 백성들 사이에서 법에 대한 불만이 터져 나오고 심지어 법이 제대로 시행되지 않는 까닭은 신분과 지위가 높은 사람들이 법을 지키지 않기 때문이라고 생각했습니다. 그래서 태자를 본보기로 삼아 법치의 위엄을 확고히 하려고 했지요. 그러나 왕위를 이을 태자에게 형벌을 가해 상처를 남길 수는 없다는 신하들의 강력한 반대에 부딪치자, 상앙은 대신 태자를 보좌하던 태부 공자 건의 목을 베고 스승인 태사 공손고에게 이마에 글자를 새기는 형벌을 가했습니다. 이 사건으로 법의 칼날이 가장 고귀한 신분과 지위를 지닌 태자와 그 측근들에게도 예외가 없다는 사실을 확인한 백성들은 이후 상앙이 만든 신법을 한 치의 어김도 없이 지키게 되었습니다.

이렇게 법령이 시행된 지 십 년이 지나자 백성들은 모두 상앙의 신법에 만족스러워했습니다. 이로 인해 법의 문란함 때문에 정치적·사회적 혼란이 극심했던 다른 나라들과는 달리 진나라에서는 길에 물건이 떨어져 있어도 함부로 주워가는 사람이 없고, 산과 들에 도적이 사라지고, 나라의 재물은 풍족해지고 백성들의 마음은 넉넉해졌습니다. 상앙이 만든 법을 어겼을 경우 당하게 될 형벌에 대한 두려움 때문에 신분과 지위가 높거나 낮거나 혹은 재물이 많거나 적거나 혹은 권력이 있거나 없거나 상관없이 누구나 법을 잘 지켰기 때문입니다. 그런 의미에서 "법을 두려워하면 날마다 즐겁고, 관청을 속이면 날마다 근심스럽다"라는 『명심보감』의 경구는 상앙의 법치에 딱 들어맞는 문장이라고 하겠습니다.

시기하는 친구는 현명한 친구를 쫓아내고, 시기하는 신하는 현명한 인재를 쫓아낸다

시기에 눈이 먼 염파를 교화시킨 인상여의 현명함

荀子曰(순자왈) 士有妬友則賢交不親(사유투우즉현교불친)하고
君有妬臣則賢人不至(군유투신즉현인부지)니라.

순자가 말했다. "선비에게 시기하는 친구가 있으면 현명한 친구
를 가까이 할 수 없고, 임금에게 시기하는 신하가 있으면 현명한
인재가 다가오지 않는다."

이 말은 순자가 저술한 『순자』의 「대략편大略篇」에 나오는 내용입
니다. 먼저 "선비에게 시기하는 친구가 있으면 현명한 친구를 가
까이 할 수 없다"라는 훈계는 전국시대 조나라의 염파와 인상여
의 고사를 통해 새겨볼 수 있습니다.

　조나라의 명장 염파는 제나라를 공격해 크게 승리한 공적으
로 상경의 지위에 올랐습니다. 그는 용맹과 지략으로 천하에 이름
을 날렸지요. 인상여는 조나라 환관의 수장인 무현의 가신이었습
니다. 그는 명장 염파와 다르게 뛰어난 외교술로 크게 출세했습니
다. 조나라는 혜문왕 때 진귀한 보물인 '화씨벽(화씨의 구슬)'을 손
에 넣었습니다. 화씨벽은 천자 계승에 사용되던 둥근 모양의 비취

였습니다. 이웃한 강대국 진나라의 소양왕은 이 보물을 탐내 빼앗으려 했습니다. 이때 인상여가 진나라에 사신으로 가서 탁월한 변설로 소양왕을 설득한 덕분에 혜문왕은 화씨벽을 지킬 수 있었습니다. 당시 인상여는 공로를 크게 인정받아 조나라의 상대부가 되었습니다. 그로부터 삼 년이 지난 후, 진나라 소양왕과 조나라 혜문왕은 서하 남쪽 '민지'라는 곳에서 회합을 가졌는데, 이 회합 도중 술자리에서 소양왕은 혜문왕을 위협해 제압하려고 했습니다. 이때 인상여가 기지를 발휘해 오히려 소양왕에게 망신을 주고 혜문왕의 위엄을 지켜주었습니다. 이 사건으로 다시 공로를 인정받은 인상여는 마침내 상경의 자리에 올랐는데 그 지위가 전공이 높은 용장 염파보다 높았습니다.

그런데 염파는 자신보다 더 높은 지위에 오른 인상여를 인정하지 않았습니다. 자신은 전쟁터에 나가 목숨을 걸고 싸운 공적으로 상경에 올랐는데, 미천한 출신인 인상여가 겨우 세 치 혀를 놀려서 상경이 되었다고 생각한 것입니다. 더욱이 인상여에 대한 시기와 질투는 주변 사람들의 부추김 때문에 더욱 악화되었습니다. 어떻게 인상여 따위가 천하의 명장보다 지위가 높을 수 있냐는 주변 사람들의 비방과 험담을 듣고, 염파는 인상여의 현명함과 탁월함을 헤아려볼 생각조차 하지 않았습니다. 결국 염파는 인상여를 간사스런 입으로 임금의 환심을 사서 벼락출세한 간신배로 보고, 만나면 반드시 크게 모욕을 주겠다고 마음먹었습니다.

염파가 자신에게 악감정을 품고 있다는 사실을 안 인상여는 염파와 마주치지 않으려고 했습니다. 조정 회의 때도 항상 병을 이유로 염파와 서열을 다투지 않았으며, 멀리 염파가 보이면 일부러 수레를 끌어 숨어버리곤 했지요. 그러자 이번에는 인상여의 주변 사람들이 나서서 염파를 비방하고 험담하기 시작했습니다. 인상여가 진나라의 위험으로부터 조나라를 구한 것은 염파가 전쟁터에서 세운 공적과는 비교도 할 수 없다면서, 왜 염파 따위를 두려워하며 몸을 피하느냐고 따져 물었습니다. 인상여는 그들에게 이렇게 대답했지요.

"진나라의 위세와 위협에도 겁먹지 않고 오히려 진나라 왕을 꾸짖었던 내가 어찌 염파를 두려워하겠소. 다만 지금 진나라가 조나라를 감히 공격하지 못하는 까닭은 나와 더불어 염파가 건재하기 때문이오. 만약 나와 염파가 다툰다면 결국 둘 다 살아남지 못할 것이 분명하오. 내가 염파를 피하는 이유는 먼저 나라의 존망을 생각하고 개인적인 원망은 뒤에 두기 때문일 뿐이오."

얼마 지나지 않아 염파는 인상여의 말을 듣게 되었습니다. 그리고 그때서야 자신이 시기심과 질투심에 휩싸인 채 주변 사람들의 부추김을 받아 미처 인상여의 현명함을 알아보지 못했다는 사실을 깨우쳤습니다. 이에 염파는 인상여를 직접 찾아가서 사죄하며, 자신의 잘못을 용서해 달라고 했습니다. 이 일로 두 사람은 화해를 하고 죽음을 함께하기로 약속한 벗이 되었습니다.

인상여는 자신을 향한 염파의 시기와 질투를 원망하지 않고 주변 사람들의 비방과 험담에도 아랑곳하지 않은 채, 나라의 존망을 먼저 생각하고 자신의 사사로운 감정을 물리치는 현명한 처신을 했습니다. 염파가 시기와 질투에 눈이 멀어 훌륭한 인품과 뛰어난 능력을 가진 인상여를 멸시하며 욕보이려 했다면, 인상여는 무시와 경멸을 무던히 참으며 잠시 어리석어진 염파를 다시 현명한 사람으로 돌려놓았다고 하겠습니다.

"임금에게 시기하는 신하가 있으면 현명한 인재가 다가오지 않는다"라는 순자의 훈계는 구태여 구체적인 경우를 설명하지 않아도 역사 속에서 헤아릴 수 없을 만큼 많은 사례를 찾아볼 수 있습니다. 「대략편」에 앞서는 「성상편成相篇」에서도 시기하는 신하가 현명한 인재를 쫓아낸 여러 사례를 열거하고 있지요. 예를 들어, 상나라 주왕을 파멸로 몰아넣은 간신 비렴과 악래를 언급하면서 "세상의 재앙이란 현명하고 재능 있는 인재를 시기하고 질투한 비렴이 정사를 알게 한 것, 다시 그의 아들 악래가 정사를 맡도록 한 것이다"라고 말했습니다. 이 때문에 충신 비간은 심장을 가르는 죽음을 맞았고, 기자는 미친 척하며 감옥에 갇혔고, 미자계는 주나라 무왕에게 투항했다는 것입니다. 순자는 또 "세상의 재앙은 현명하고 어진 선비를 미워하는 것"이라고 말하며, 그 예로 춘추시대의 정치가 오자서의 비극을 들었습니다. 그는 초나라 평왕 때 간신 비무기의 참소와 참언으로 오나라로 달아났다가, 다시 오나라 왕 부차 때 간신 백비의 시기와 질투 탓에 스스로 목을 찔러 죽음을 맞은 당대 최고의 병법가이자 지략가지요. 그리고 "세상에서 제일가는 어리석음이란 '대유' 곧 '어질고 현명하며 학문과 식견이 높은 큰 선비'를 미워해 물리치고 쫓아내는 것"이라고 하면서, 공자가 천하를 주유할 때 여러 제후국에서 권신과 간신의 참소 때문에 곤욕을 겪은 것도, 노나라의 현자인 대부 유하혜가 다른 신하들의 비방과 원망으로 세 번이나 관직에서 쫓겨난 것도 바로 이런 어리석음에서 비롯된 일이라고 말하고 있습니다. 이렇듯 임금 주변에 시기하고 질투하는 신하가 있으면 현명하고 재능 있는 인재가 곤욕을 치르고, 심한 경우 비참한 죽음을 맞게 되는 사례가 역사 속에 비일비재합니다. 쇠락하거나 멸망에 이른 나라에는 반드시 시기하고 질투하는 간신과 그로 인해 고초를 겪고 부당한 죽음을 맞은 현자나 인재가 있었다는 사실을 우리는 기억해야 하겠습니다.

초가집에서 거친 밥 먹으며
가난하게 살더라도
아무 탈 없이 사는 것이 낫다

가난하지만 베푸는 삶과 풍족하지만 인색한 삶의 차이

益智書云(익지서운) 寧無事而家貧(영무사이가빈)이언정 莫有事
而家富(막유사이가부)요, 寧無事而住茅屋(영무사이주모옥)이언
정 不有事而住金屋(불유사이주금옥)이요, 寧無病而食麤飯(영무
병이식추반)이언정 不有病而服良藥(불유병이복양약)이니라.

『익지서』에서 말했다. "차라리 가난해도 아무 사고 없는 집안이
될지언정 부유하면서 탈 많은 집안이 되지 말라. 차라리 초가집
에서 아무 사고 없이 살지언정 금으로 치장한 집에서 숱한 사고
를 겪으며 살려고 하지 말라. 차라리 거친 밥을 먹으며 병 없이
살지언정 병들어서 좋은 약을 먹으려고 하지 말라."

『익지서』의 경구에는 가난하지만 깨끗하고 도리를 즐기는 삶을
추구하는 '청빈낙도' 정신이 담겨 있습니다. 앞서 소개한 바 있는
안지추의 『안씨가훈』에는 가난하지만 베푸는 삶을 살았던 배자야
와 막대한 재물을 모았지만 탐욕을 멈추지 않았던 업하 지방의 영
군 그리고 거금을 쌓아두고 산 부자였으나 인색했던 남양 지방의
모씨에 관한 길흉화복의 일화가 실려 있습니다. 이들 세 사람을

둘러싼 행복과 불행 그리고 재앙에 관한 이야기를 읽다 보면, 가난해도 아무 탈 없이 지내는 것이 부유함 때문에 온갖 사건과 사고를 겪는 것보다 훨씬 더 나은 삶이라는 것을 깨달을 수 있지요.

배자야는 가난한 형편이었지만, 스스로 생계를 유지할 수 없는 사람이라면 먼 친척이든 옛 친지든 가리지 않고 모두 굶주림과 추위 때문에 어려움을 겪지 않도록 거두어 돌봐주었습니다. 흉년으로 먹을 식량이 모자랄 때에도 보관하고 있는 쌀로 묽은 죽을 쑤어 모든 사람이 다 함께 먹을 수 있도록 했습니다. 그는 다른 사람들과 똑같이 죽을 먹으면서도 싫어하는 기색을 단 한 번도 보이지 않았습니다. 굶더라도 다 같이 굶고 먹더라도 다 같이 먹었던 배자야의 집안이 어떻게 화목하고 평안하지 않을 수 있었겠습니까?

반면 업하의 영군은 탐욕스러워서 닥치는 대로 재물을 모았습니다. 그의 집안에는 노비가 800명을 넘어서 1000명에 육박할 정도였습니다. 그럼에도 불구하고 아침저녁으로 한 사람당 한 끼에 15전을 소비하지 못하도록 했습니다. 비록 먼 곳에서 손님이 찾아왔다고 해도 그 이상 지출하지 않았지요. 훗날 영군은 불미한 사건에 연루되어 형법에 따라 처벌을 받고 재산을 몰수당했습니다. 당시 그의 집에는 신지도 않은 미투리만 한 창고였고, 입지도 않은 헌옷이 여러 창고였다고 합니다. 이외에도 재물과 보석이 헤아릴 수 없을 만큼 많이 나왔다고 하지요. 그는 탐욕스럽게 재물을 모았지만 단지 창고에 가득 쌓아놓았을 뿐 사용하지도 못했을 뿐더러, 사람들에게 인색하게 굴어 인심을 잃은 까닭에 형벌을 받고 재산을 몰수당해도 누구도 동정하지 않는 비참한 꼴을 모면하지 못했습니다.

남양의 모씨 또한 집안에 거금을 쌓아둔 부자였지만 성품이 매우 인색했습니다. 딸과 사위가 오랜만에 찾아와도, 술 한 잔과 고기 몇 점만을 내놓을 정도였지요. 인색한 부자의 마음 씀씀이가 야속했던 사위는 술과 고기를 한 번에 먹어버렸습니다. 부자는 사위의 행동에 당황하면서 안절부절못하더니 음식을 더 가져오라고 했습니다. 이렇게 하기를 두 번이나 되풀이하고 나서 자리를 물린 다음, 모씨는 딸에게 "너의 남편이 술을 좋아하는 까닭에 네가 가난을 벗어나지 못하는 게다!"라고 크게 화를 내고 꾸짖었습니다. 그런데 모씨가 죽고 나자 그가 남긴 거금의 재산을 둘러싸고 여러 아들 간에 싸움이 일어나, 결국 형이 동생을 죽이는 끔찍한 일이 벌어졌습니다. 아버지가 집안 식구와 이웃 사람들에게 인색하게 굴며 모은 재물 때문에 골육상쟁의 비극이 일어난 것입니다.

이러한 까닭에 공자 역시 군자다운 삶의 조건으로 첫째, 배불리 먹는 것을 바라지 않는 것, 둘째, 편안하게 사는 것을 바라지 않는 것, 셋째, 가난하게 살면서도 즐겁게 여기는 것을 꼽았습니다. "거친 밥을 먹고 물 마시며 팔을 베개 삼아 누워도 즐거움이 또한 그 속에 있다. 의롭지 않게 살면서 부귀한 것은 뜬 구름과 같은 일일뿐이다." 이것이 바로 공자가 사람들에게 가르친 청빈낙도의 정신입니다.

3부

실천하는 삶에
대하여

다른 사람의 옳고 그름을
지나치게 따지지 말라

공을 세우고도 망명자가 되었던 명장 악의

是非終日有(시비종일유)라도 不聽自然無(불청자연무)니라.
來說是非者(내설시비자)는 便是是非人(변시시비인)이니라.

옳고 그름을 하루 종일 따진다고 해도 듣지 않으면 자연스럽게
없어진다. 다시 옳고 그름을 이야기하는 사람이 바로 옳고 그름
을 따지는 사람이다.

전국시대 위나라 출신의 명장 악의는 당대 최고의 병법가이자 군
사 전략가로 크게 이름을 날렸습니다. 어질고 병법을 좋아했던 그
는 처음에는 조나라에서 벼슬을 하다가, 고향인 위나라로 옮겨 벼
슬살이를 했습니다. 그러던 중에 위나라 왕의 사신으로 연나라에
갔다가, 당시 천하의 인재를 적극적으로 중용하던 소왕의 눈에 띄
어 단숨에 정경에 다음가는 아경이라는 지위에 올랐습니다.

앞에서 이야기했듯이, 연나라 소왕은 왕위에 오른 초기부터
일찍이 연나라를 침략해 유린한 적이 있던 제나라 민왕에게 복수
할 생각으로 밤잠을 이루지 못했습니다. 그러나 제나라는 땅이 넓
고 인구가 많은 강대국인 데다가 민왕의 세력 또한 강성해서, 중

원 북쪽의 구석진 곳에 자리한 작은 연나라의 보잘것없는 힘으로
는 어떻게 할 방법이 없었습니다. 하지만 민왕이 강대한 힘만 믿
고 교만해져서 폭정을 일삼아 민심을 잃고 이웃한 여러 나라들과
도 반목하게 되자, 마침내 소왕은 제나라를 칠 결심을 하고 악의
에게 그 방법을 물었습니다. 이에 악의는 제나라는 연나라 혼자의
힘으로는 감당할 수 없다면서, 조나라와 초나라, 위나라 등과 힘
을 합쳐 공격해야 한다고 했습니다. 소왕이 악의의 의견을 받아들
여 조나라, 초나라, 위나라와 연합을 맺자, 제나라 민왕의 교만함
과 난폭함에 질릴 대로 질려 있던 여러 나라가 앞다투어 반反제나
라 연합에 합류했습니다.

이때 악의는 조나라, 초나라, 위나라, 한나라, 연나라 등 다섯
개국의 연합군을 통솔해 지휘하는 총사령관이 되어 제수 서쪽에
서 제나라 군대를 격파했습니다. 전투 이후 군사들은 각자 자신의
나라로 돌아갔지만, 악의는 연나라 군대를 이끌고 패퇴하는 제나
라 군대를 뒤쫓아 수도 임치까지 쳐들어갔습니다. 그곳에서 악의
는 제나라의 보물과 제물, 제기 등을 모두 빼앗아 연나라로 보냈
습니다. 악의의 혁혁한 전공으로 평생 마음에 맺힌 한을 푼 연나
라 소왕은 너무나 기뻐했습니다. 소왕은 악의에게 창국을 내리고
창국군으로 봉했습니다. 당시 연나라 소왕은 몸소 제수 기슭까지
나와서 악의를 만나 격려했습니다. 소왕을 만난 다음 악의는 다시
군사를 이끌고 아직 항복하지 않은 제나라의 성들을 평정하러 나
섰습니다. 이후 악의는 5년 동안 제나라에 주둔하면서 대략 일흔
개의 성을 항복시켜 연나라의 군현으로 만들었습니다. 그러나 제

나라 민왕이 지키고 있던 '거'와 '즉묵'만은 아직 항복을 받지 못하고 있었습니다.

그때 마침 연나라 소왕이 죽고 혜왕이 새로이 왕위에 올랐습니다. 당시 악의와 연나라 사이를 이간질할 기회만 엿보고 있던 제나라 장군 전단이 첩자를 보내 악의가 군사를 거느리고 독립하려 한다는 헛소문을 퍼뜨렸습니다. 그러자 평소 악의의 전공을 시기하던 연나라의 신하들이 혜왕에게 악의가 딴 마음을 품고 있다면서, 그의 행위에 대해 시비를 따져서 상벌을 분명하게 해야 한다고 했습니다. 그러면서 악의가 거와 즉묵을 빨리 공격하지 않고 전쟁을 질질 끄는 까닭은 새로 즉위한 혜왕을 탐탁지 않게 여겨서이고, 연나라로 돌아오지 않고 제나라에서 스스로 왕이 되려 하기 때문이라고 참소했지요.

결국 혜왕은 장군 기겁을 제나라로 보내고 악의를 불러들였습니다. 하지만 악의는 연나라로 돌아가면 죽임을 당할 것이라는 생각에 서쪽으로 달아나 조나라에 몸을 의탁했습니다. 조나라는 악의에게 관진 땅을 주고 그를 망제군으로 부르며 극진하게 대우했습니다. 그런데 연나라 군대는 기겁이 지휘한 다음부터 전단에게 연전연패했습니다. 제나라는 악의에게 빼앗겼던 성을 모두 되찾고 마침내 수도 임치로 돌아올 수 있었습니다. 이때에 이르러서야 혜왕은 크게 후회했습니다. 혜왕은 조나라에 있는 악의에게 사신을 보내 사과를 전하면서 다시 연나라로 돌아와 달라고 간청했습니다. 이때 악의는 혜왕에게 「보연왕서報燕王書」라는 한 편의 글을 올렸습니다. 일부 학자들은 이것이 삼국시대 촉나라 제갈량의

명심보감 인문학

그 유명한 「출사표」의 기초가 되었다고 보고 있지요. 「보연왕서」에서 악의는 자신과 연나라 소왕 사이에 쌓았던 군신 간의 의리를 서술하면서 당장에라도 연나라로 돌아갈 수 있다고 밝혔습니다. 다만 과거 자신의 행위를 둘러싸고 또 다시 옳고 그름을 따지려고 드는 신하들이 있지나 않을까 크게 염려하는 마음을 전했습니다.

"지금 왕을 모시고 있는 신하들이 신을 참소하고 비방하는 주변 사람들의 말을 가까이하여 또다시 과거 신의 행위에 대해 옳고 그름을 가리려고 할까 염려될 뿐입니다."

악의가 올린 글을 읽은 연나라 혜왕은 악의의 말을 받아들여 신하들에게 다시는 악의의 행위에 대한 시시비비를 따지지 못하도록 명하고, 그 증표로 악의의 아들 악간을 창국군에 봉했습니다. 이에 악의는 혜왕과 화해하고 조나라와 연나라 사이를 오가면서 벼슬살이를 했습니다. 연나라와 조나라는 당대 최고의 명장이자 병법가요 군사 전략가였던 악의의 능력과 지혜를 높이 사 객경으로 최고의 예우를 했습니다. 혜왕이 악의를 다시 연나라로 불러들일 수 있었던 비결은 현실의 이익을 위해 과거의 행위에 대해 옳고 그름을 따지지 않는 것이었습니다. 악의에 관한 이야기는 『사기』 중 「악의열전」에 자세하게 기록되어 있습니다.

남을 책망하는 마음으로 자신을 꾸짖고, 자신을 용서하는 마음으로 남을 용서하라

범순인이 강조한 '서'의 철학의 핵심

范忠宣公(범충선공)이 戒子弟曰(계자제왈) 人雖至愚(인수지우)
나 責人則明(책인즉명)하고 雖有聰明(수유총명)이나 恕己則昏
(서기즉혼)이니, 爾曹(이조)는 但當以責人之心(단당이책인지심)
으로 責己(책기)하고 恕己之心(서기지심)으로 恕人(서인)하면
則不患不到聖賢地位也(즉불환부도성현지위야)니라.

범충선공이 자제들에게 훈계하며 말했다. "비록 사람이 아무리
어리석다고 해도 다른 사람을 책망할 때는 똑똑하다. 사람이 비
록 총명하다고 해도 자신을 용서할 때는 어둡고 어리석다. 너희
들이 마땅히 다른 사람을 책망하는 마음으로 자신을 꾸짖고 자
신을 용서하는 마음으로 다른 사람을 용서한다면, 성인과 현인의
지위에 이르지 못할까 봐 근심할 필요가 없다."

이 말을 한 사람은 북송 때 정치가 범순인인데, 그의 시호가 '충
선'이기 때문에 흔히 범충선공이라고 불렸습니다. 사마광과 함께
신종 시대의 개혁 정책 '왕안석의 신법'에 반대하며 강력하게 맞
섰던 보수파의 대표적인 인물이었지요. 다만 개혁 정책 가운데서
도 타당하다고 여긴 것에 대해서는 받아들였는데, 이 때문에 전

면적인 반대를 하던 사마광과 크게 충돌을 빚기도 했습니다. 당시 사마광의 비난에 대해 범순인은 이렇게 말했다고 합니다.

"그 사람이 올바르지 않다고 해서 그가 하는 타당한 언행이나 정책까지 다 폐기할 필요는 없습니다."

특히 범순인은 정치사상에 있어서 충서를 매우 중시했습니다. 『명심보감』에서 인용한 범순인의 훈계는 그 가운데 특별히 '서恕의 철학'을 강조한 것이라고 말할 수 있습니다.

범순인이 말하는 '서'의 핵심은 '사람의 마음은 같다는 점을 생각하고, 자신의 마음을 살피고 헤아려서 다른 사람의 마음을 미루어 생각하는 태도'입니다. 이것은 '恕'라는 한자가 어떻게 만들어졌는지 살펴보면 더욱 쉽게 이해할 수 있습니다. 이 글자는 '如(같을 여)'와 '心(마음 심)'으로 구성되어 있습니다. 그 모양 자체가 다른 사람의 입장과 관점 또는 처지나 태도와 '같이' 되어보는 '마음'이라는 의미를 담고 있지요.

범순인은 다른 사람의 입장과 관점에서 나의 잘못을 살핀다면, 마치 다른 사람이 나를 꾸짖듯이 자신을 꾸짖을 수 있다고 말하고 있습니다. 또한 다른 사람의 처지나 태도에서 그 사람의 과오를 살핀다면, 마치 자신을 용서하듯이 그를 용서할 수 있다고 깨우쳐주고 있지요. 이런 '서의 철학'은 다른 사람의 허물을 책망할 때나 나의 잘못을 용서할 때도 적용할 수 있을 것입니다.

이러한 까닭에 공자는 죽을 때까지 실천해야 할 것을 한마디 말로 표현한다면 그것이 무엇이겠느냐는 제자 자공의 물음에, '서'라고 답했습니다. 그러면서 그 핵심 요체는 바로 "자신이 하고 싶지 않은 것을 다른 사람에게 강요하지 않는 것"이라고 말했습니다. 또한 자신의 도는 하나로 꿰뚫어진다는 공자의 말에 대해 증자는 "스승님이 말하는 도는 충과 서일 뿐이다"라고 해석했습니다. 다른 사람에게 충실한 '충'과 다른 사람의 처지를 헤아리고 살펴서 이해하는 '서'의 가치가 하나로 통할 수 있다는 얘기입니다.

맹자는 '서'야말로 '인'으로 가는 지름길이라고 주장하기도 했습니다. 그는 이렇게 말합니다. "반신이성 낙막대언 강서이행 구인 막근언反身而誠 樂莫大焉 强恕而行 求仁 莫近焉" 자신을 반성하는 데 정성을 다한다면 이보다 더 큰 즐거움이 없고, 자신의 마음을 미루어 다른 사람의 마음을 헤아려 대하는 것을 힘써 실천한다면 이보다 더 인을 구하는 길에 가까운 것은 없다는 뜻이지요.

이것을 봐도 알 수 있듯이, '서'에는 단순히 '용서하다'라는 뜻보다 훨씬 더 크고 깊은 의미가 담겨 있습니다. '서'란 자신의 마음을 살피고 헤아리는 것과 같이 다른 사람의 마음을 살피고 헤아리는 것을 뜻합니다. 마치 나를 대하듯이 다른 사람을 대하고, 마치 다른 사람을 대하듯이 나를 대해야 하는 것이 다름 아닌 '서'입니다. 범중인은 '서'를 실천하면 나 자신은 물론 다른 사람에 대해서도 분노하고 원망하는 마음이 없어져 책망하는 마음 역시 없어지고, 성인이나 현인과 같이 세상에 용서하지 못할 일도, 사람도 없게 된다고 말하고 있는 것입니다.

한쪽 말만 듣고
일을 판단해선 안 된다

애첩 여희의 말에 미혹되어 잔혹한 대가를 치른 헌종

———

若聽一面說(약청일면설)이면 便見相離別(변견상이별)이니라.

———

만약 한쪽 말만 듣는다면 문득 서로 갈라서는 모습을 볼 것이다.

『한비자』에는 '망국의 징조'라는 뜻의 「망징편亡徵篇」이 있습니다. 여기에서 한비자는 나라가 망하는 마흔일곱 가지 사례를 하나씩 열거하고 있지요. 그 여섯 번째 사례에서 한비자는 "임금이 많은 사람들의 의견을 듣지 않고 오직 한 사람의 말만 듣게 되면 그 나라는 망한다"라고 말했습니다. 하나라의 걸왕은 말희의 말만 들었기 때문에, 상나라의 주왕은 달기의 말만 들었기 때문에, 그들은 폭군으로 전락했고 나라는 멸망했습니다. 또한 중국 역사상 최초로 통일제국을 세운 진시황의 진나라가 불과 15년 만에 멸망한 까닭 역시 2대 황제인 호해가 환관 조고의 말만 들었기 때문입니다.

이렇듯 쇠락하거나 멸망한 나라의 역사를 살펴보면, 반드시 임금의 귀를 막고 눈을 멀게 하는 측실이나 간신이 있고, 그와 더불어 한 사람의 말만 듣다가 나라를 몰락의 구렁텅이로 밀어 넣는 왕이 등장합니다. 춘추시대 진나라의 헌공 역시 애첩인 여희를 지나치게 총애하여 그녀의 말만 듣다가, 권력을 둘러싼 자식들과 신하들 간의 피비린내 나는 살육전을 불러일으켰습니다.

『사기』의 「진세가」를 보면, 헌공은 제후로 즉위한 지 5년째 되는 해 여융을 정벌하고 애첩 여희를 얻었습니다. 헌공은 첫 부인에게서 낳은 아들 신생, 또 다른 두 명의 부인에게서 낳은 아들 중이와 이오가 있었습니다. 그런데 여희와의 사이에서 해제를 낳고, 다시 여희의 여동생과의 사이에서 도자를 낳았습니다. 당시 헌공의 자리를 이을 태자는 신생이었습니다. 그런데 여희는 자신이 낳은 해제를 태자로 삼고자 신생을 모함하기 시작했습니다. 여희는 거짓으로 신생을 위하는 척하면서 뒤로는 계략을 꾸며 헌공이 점점 더 신생을 의심하게 만들었습니다. 여희는 독약을 넣은 술과 음식을 준비한 다음 교묘하게 말을 꾸며 신생이 직접 헌공에게 올리도록 했습니다. 그리고 헌공이 술과 음식을 먹으려고 하는 순간 달려들어 밖에서 들어온 음식은 반드시 시험해 보아야 한다면서, 음식은 개에게 던져주고 술은 신분이 낮은 신하에게 마시게 했습니다. 개와 신하는 당연히 그 자리에서 죽고 말았지요.

이 일이 있고 난 후 신생은 스승인 태부 이극의 간곡한 만류에도 불구하고 끝내 스스로 목숨을 끊고 말았습니다. 하지만 여희는 태자 신생을 죽이는 데 만족하지 않았습니다. 그녀는 중이와 이오 역시 제거하기 위해, 신생이 독약으로 헌공을 시해하려 한 일을 그들이 미리 알고 있었다고 모함했습니다. 그러나 이미 모함의 낌새를 눈치 챈 중이는 포성으로, 이오는 굴성으로 달아나 몸을 피했습니다. 그 후 즉위한 지 26년째 되는 해에 헌공은 죽음을 앞두

명심보감 인문학

고 신하 순식에게 여희의 아들인 해제로 하여금 자신의 뒤를 잇게 하라는 유언을 남겼습니다. 그해 가을 9월, 헌공이 세상을 떠나자 여희의 바람대로 해제는 제후의 자리에 올랐습니다. 그렇지만 헌공의 장례를 지내는 곳에서 태자 신생의 태부였던 이극의 손에 죽임을 당했습니다. 그 뒤를 이어 여희의 여동생이 낳은 도자가 제후가 되었으나, 그 역시 이극에 의해 조정에서 살해당했습니다.

그럼 여희는 어떻게 되었을까요? 그녀 역시 죄를 받아 비참한 최후를 피할 수 없었고, 결국 채찍질을 당한 뒤 처형당했습니다. 이후 이극 등 진나라의 신하들은 적나라에 망명 중이던 중이를 데려와 서열에 따라 제후의 자리를 이으려고 했습니다. 그러나 중이는 끝까지 제후의 자리를 사양했습니다. 이에 이극과 신하들은 양나라에서 망명생활을 하던 이오를 데려와 제후의 자리에 오르게 했습니다. 이오는 재위 15년 만에 세상을 떠났습니다. 그의 아들 '어'가 다음 자리를 물려받았지만 일 년을 넘기지 못하고 살해당했습니다. 상황이 이렇게 되자, 진나라의 신하들은 마지막으로 남은 헌공의 아들인 중이를 다시 설득해 제후의 자리에 오르게 했습니다. 이 중이가 바로 춘추오패 중의 한 사람인 진나라의 문공입니다. 결국 여희의 말에 미혹된 헌공의 어리석음 때문에 진나라는 무려 5대에 걸쳐 난세의 비싼 대가를 치러야 했던 셈입니다.

헌공은 여희의 간악한 계략과 참언을 물리칠 기회가 전혀 없었던 것일까요? 사실 헌공이 여융을 정벌할 때 점치는 자가 "참소가 재앙의 뿌리가 될 것입니다"라는 간언을 올리면서, 여희에 대한 지나친 총애로 그녀의 말만 듣게 되는 일을 경계하라고 경고

한 적이 있습니다. 또한 여희가 태자 신생을 폐위시키려는 목적으로 계략을 꾸며서 모함을 할 때도, 태부 이극이 나서서 나라의 근본인 태자를 지켜야 한다는 간언을 마다하지 않았습니다. 그러나 헌공은 여희의 말에만 귀를 기울일 뿐 나라의 앞날을 걱정하는 충신들의 간언은 귀담아 듣지 않았습니다. 이렇듯 여러 사람의 의견은 무시한 채 총애하는 한 사람의 말만 들은 헌공의 어리석음이야말로 비극적인 권력 쟁탈전을 불러일으킨 원인이었다고 하겠습니다. 여기서 소개하는 『명심보감』의 격언대로 한쪽 말만 듣다가 서로 반목하는 꼴을 보게 된 경우인데, 헌공과 여희의 사례는 부모와 자식, 형제와 형제 또 임금과 신하가 서로 갈라선 경우 중에서도 가장 잔인하고 잔혹한 대가를 치른 사례라고 하겠습니다.

명심보감 인문학

후회 없는 삶을 살기 위해
하지 말아야 할 일들

구래공의 「육회명」과 주희의 「주자십회훈」

寇萊公(구래공) 六悔銘云(육회명운) 官行私曲(관행사곡)이면 失時悔(실시회)요, 富不儉用(부불검용)이면 貧時悔(빈시회)요, 藝不少學(예불소학)이면 過時悔(과시회)요, 見事不學(견사불학)이면 用時悔(용시회)요 醉後狂言(취후광언)이면 醒時悔(성시회)요, 安不將息(안부장식)이면 病時悔(병시회)니라.

구래공이 「육회명」에서 말했다. "관리가 사사로운 마음에 부정을 저지르면 관직을 잃고 나서 후회한다. 부자가 검소하게 아껴 쓰지 않으면 가난해졌을 때 후회한다. 재주는 어렸을 때 배우지 않으면 시간이 지나고 나서 후회한다. 일을 보고도 배우지 않으면 필요할 때 후회한다. 술에 취한 후 미치광이처럼 함부로 지껄이면 술이 깨고 나서 후회한다. 편안할 때 충분히 쉬지 않으면 병이 들었을 때 후회한다."

구래공은 북송의 3대 황제인 진종 때의 명재상으로 원래 이름은 구준입니다. 그가 세상 사람들 사이에서 '구래공'으로 널리 불리게 된 까닭은 이렇습니다. 진종이 제위에 오른 지 6년째 되던 1004년에 거란족이 세운 북방의 요나라가 20만 대군을 일으켜 송나라(북송)를 공격해 왔습니다. 진종은 물론이고 조정 안팎의 모든 신하가 두려움에 떨며 어찌할 줄 모르고 있을 때, 구준은 황제가 직접 군대를 거느리고 출정한다면 아무리 강대한 적군이라도 무찌를 수 있을 것이라고 간언했습니다. 이에 진종은 친히 군대를 이끌고 나가 요나라와 맞서 싸우는 한편, 해마다 은 10만 냥과 비단 20만 필을 준다는 조건으로 강화조약을 맺어 요나라 군대를 물러나게 했습니다.

이후 구준은 충직한 간언으로 나라를 존망의 위기에서 구한 공로를 인정받아 '내국공'에 봉해졌습니다. 이때부터 구준은 내국공으로 불리게 되었습니다. 구준은 이전 2대 황제인 태종 때 벼슬살이를 시작했는데, 당시에도 황제에게 자주 직언을 해서 태종이 당 태종 때의 간관 위징에 비유해 칭찬하곤 했다고 합니다. 「육회명」에는 이러한 구준의 강직한 기질과 청렴한 성품이 잘 나타나 있지요.

동양 고전을 공부하는 사람들 사이에서는 「육회명」과 더불어 남송 주희의 「주자십회훈」을 곧잘 비교해 가르치거나 배우곤 합니다. 구래공이 '여섯 가지 후회할 일'을 해서는 안 된다고 했다면, 주희는 이보다 많은 '열 가지 후회할 일'을 하지 말라고 했습니다. 그럼 주희가 경계하라고 이른 '열 가지 후회할 일'은 무엇인지 살펴볼까요?

첫째는 "불효부모 사후회不孝父母 死後悔"입니다. '부모에게 불효한다면 돌아가신 다음에 후회하게 된다'는 뜻입니다.

둘째는 "불친가족 소후회不親家族 疎後悔"입니다. '가족에게 친절하게 하지 않으면 멀어진 다음에 후회하게 된다'는 뜻입니다.

셋째는 "소불근학 노후회少不勤學 老後悔"입니다. '젊었을 때 부지런히 배우지 않으면 늙은 다음에 후회하게 된다'는 뜻입니다.

넷째는 "안불사난 패후회安不思難 敗後悔"입니다. '편안할 때 어려움을 생각하지 않으면 실패한 다음에 후회하게 된다'는 뜻입니다.

다섯째는 "부불검용 빈후회富不儉用 貧後悔"입니다. '부유할 때 절약해서 쓰지 않으면 가난해진 다음에 후회하게 된다'는 뜻입니다.

여섯째는 "춘불경종 추후회春不耕種 秋後悔"입니다. '봄에 밭을 갈고 씨를 뿌리지 않으면 가을이 온 다음에 후회하게 된다'는 뜻입니다.

일곱째는 "불치원장 도후회不治垣墻 盜後悔"입니다. '미리 대비하여 담장을 고치지 않으면 도둑이 든 다음에 후회하게 된다'는 뜻입니다.

여덟째는 "색불근신 병후회色不謹愼 病後悔"입니다. '여색을 삼가고 조심하지 않으면 병이 든 다음에 후회하게 된다'는 뜻입니다.

아홉째는 "취중망언 성후회醉中妄言 醒後悔"입니다. '술에 취해 함부로 말을 하면 술이 깬 다음에 후회하게 된다'는 뜻입니다.

열째는 "부접빈객 거후회不接賓客 去後悔"입니다. '손님을 잘 대접하지 않으면 떠난 다음에 후회하게 된다'는 뜻입니다.

구래공의 「육회명」과 주희의 「주자십회훈」만 잘 새긴다면 아마도 살아가면서 후회하게 될 일이 별로 없지 않을까요? 그러나 이것을 실천한다는 것이 어찌 쉬운 일이겠습니까? 그래서 우리와 같은 보통 사람에게는 '후회하다', '뉘우치다'라는 뜻의 '회悔' 자를 파자破字한 '매심每心'을 자신의 호로 삼은 형 정약전에게 정약용이 지어준 글 「매심재기」의 내용이 훨씬 더 현실적으로 다가옵니다. "작은 과오라면 조금 뉘우치고 잊어버려도 괜찮습니다. 그러나 큰 과오라면 고치더라도 매일같이 뉘우침을 잊지 말아야 합니다." 진실로 후회하고 뉘우쳤다면 잘못은 더 이상 허물이라고 할 수 없지 않을까요?

명심보감 인문학

담력은 크게, 마음은 작게, 지혜는 원만하게, 행동은 반듯하게

불후의 명의 손사막이 강조한 인생을 살아가는 태도

孫思邈曰(손사막왈) 膽欲大而心欲小(담욕대이심욕소)하고 知欲
圓而行欲方(지욕원이행욕방)이니라.

손사막이 말했다. "담력은 크게 가지려고 하되 마음은 작게 가지고,
지혜는 원만하게 가지려고 하되 행동은 반듯하게 하려고 한다."

손사막은 당나라 초기 때 사람으로, '약왕'이라고 불리며 중국 의
학사에 불후의 명성을 남긴 명의입니다. 581년에 태어나 682년에
세상을 떠났다고 알려져 있는데, 당시 평균 수명 기준으로는 상상
하기도 힘든 102세의 장수를 누린 셈이지요. 그는 의학은 물론 제
자백가의 사상, 노자와 장자 등 도가의 철학, 불교경전, 양생법과
음양술 등에 두루 통달했다고 합니다. 세상 사람들은 인간의 경지
를 넘어서 '신선'에 도달했다면서 손사막을 존경했다고 하지요. 훗
날 도교의 궁관 중 약왕전에 배향配享된 것만 보아도, 의학자이자
도가사상가 또는 양생가로 세상 사람들에게 얼마나 큰 영향을 끼
쳤는지 알 수 있습니다.

이러한 손사막의 생애와 철학은 송나라 시대에 편찬한 당나라

의 역사책 『신당서』의 「은일전隱逸傳」 중에 「손사막」이라는 제목의 글로 기록되어 있습니다. 『명심보감』에 실린 말 역시 이 글에 나오는 것인데, 이는 제자의 질문에 대한 그의 답변이지요.

제자 노조린이 인간사와 세상사의 이치에 대해 묻자, 손사막은 "담력은 크게, 마음은 작게, 지혜는 원만하게, 행동은 반듯하게" 가지려고 해야 한다고 답합니다. 그리고 그 이유에 대해 하나하나 알려줍니다.

첫째, 담력을 크게 가져야 하는 이유는 "장군은 결단을 임무로 하고, 담력은 장군과 같기 때문"이라고 했습니다. 손사막은 『시경』의 「주남周南」에 실려 있는 시 「토저兎罝」의 구절을 인용하여 이를 설명했습니다. "규규무부 공후간성赳赳武夫 公侯干城." 즉 "굳세고 씩씩한 무사가 한 나라를 지키는 방패와 요새"가 되는 것처럼, 담력은 크게 가져서 나를 지킬 수 있도록 위풍당당하고 용맹스러워야 한다는 것입니다.

둘째, "군주는 항상 신중해야 하고, 마음은 몸을 다스리는 군주와 같으므로 '작게' 즉 세심하게 가져야 한다"고 했습니다. 『시경』의 「소아」에 실려 있는 시 「소민」의 구절 "여림심연 여리박빙如臨深淵 如履薄冰"을 인용하며, 이것이 바로 마음을 작게 가지는 태도라고 했지요. 다시 말해, "마치 깊은 연못에 다다른 듯, 얇은 살얼음을 밟고 건너는 듯" 두려워하고 조심해야 한다는 것입니다.

셋째, 지혜를 원만하게 가져야 하는 이유는 "지혜로운 사람이 움직이는 것은 하늘의 형상과 닮았기 때문"입니다. 손사막은 『주역』의 「계사전繫辭傳」 하편에 나오는 "견기이작 불사종일見機而作 不

俟終日"이라는 구절에서 '지혜를 원만하게 하는' 행동을 엿볼 수 있다고 했습니다. "어떤 징조나 기미를 보고 일어나, 하루 종일 기다리지 않고" 행동하는 것은 길흉화복의 조짐을 보고 한 치도 꾸물거림 없이 미리 조치하여 모든 것이 순조롭게 이루어지도록 하는 것입니다. 이야말로 지혜를 원만하게 발휘하는 일이라는 것입니다.

넷째, "어진 사람은 고요한 땅의 형상과 닮아가므로 행동을 '반듯하게' 하려고 한다"라고 말했습니다. 『춘추좌전』에 나오는 "불위리회 불위의구不爲利回 不爲義久"라는 구절이 행동을 반듯하게 하는 것을 잘 보여준다고 했지요. 다시 말해, "이익을 위해 거스르지 않고, 의로움을 위해 해치지 않는" 것이야말로 반듯한 행동이라는 뜻입니다.

우리가 이렇게 "담력은 크게, 마음은 작게, 지혜는 원만하게, 행동은 반듯하게" 할 수만 있다면 세상 어떤 역경과 고난이 와도 이겨낼 수 있지 않을까요?

자신을 귀하게 여기지 말고,
다른 사람을 천하게 대하지 말라

공물에 마음을 뺏긴 무왕에게 소공이 한 직언

太公曰(태공왈) 勿以貴己而賤人(물이귀기이천인)하고 勿以自
大而蔑小(물이자대이멸소)하며 勿以恃勇而輕敵(물이시용이경
적)하라.

태공이 말했다. "자신이 존귀하다고 해서 다른 사람을 천시하지
말고, 자신이 대인이라고 해서 소인을 업신여기지 말고, 자신의
용맹함을 믿고 적을 가볍게 여기지 말라."

중국 고대국가와 같은 왕조체제에서 존귀한 사람으로 치자면 제
왕보다 더 위에 있는 사람은 없을 것입니다. 그런데 이 제왕에게
까지 사람을 천시하거나 업신여겨서는 안 된다고 직언한 사람이
있습니다. 바로 태공, 주공과 더불어 주나라 개국의 3대 공신이라
고 불러도 과언이 아닌 소공입니다. 이 세 공신 중 특히 소공은 중
국 대륙의 동쪽을 정복하여 주나라의 기초를 닦았을 뿐만 아니라,
무왕이 죽고 난 후 어린 나이에 주나라 2대 왕이 된 조카 성왕을
주공과 함께 충성을 다해 보좌한 충신이었습니다. 또한 주나라의
동쪽 도읍지인 낙읍(지금의 낙양) 건설을 실질적으로 지휘한 인물

명심보감 인문학

이기도 하지요. 소공은 청렴결백하고 공명정대한 정치가로도 크게 명성을 떨쳐서, 그로부터 '백성을 아끼는 벼슬아치를 사모하는 간절한 정'을 뜻하는 '감당지애甘棠之愛'라는 고사성어가 비롯되기도 했습니다.

앞에서도 소개했듯이 『서경』은 공자가 요순시대부터 하나라, 상나라 그리고 주나라 시대에 이르는 역사를 살피고, 인덕으로 나라와 백성을 다스린 제왕들의 기록과 문서를 수집하여 편찬한 책입니다. 주나라를 개국한 제왕이며 자신의 형이기도 한 무왕에게 사람을 천시하거나 업신여겨서는 안 된다고 직언한 소공의 글이 여기 『서경』에 「여오」라는 제목으로 수록되어 있습니다. 「여오」는 '여나라에서 공물로 바친 큰 개'라는 뜻입니다. 주나라 무왕이 천하의 주인이 된 후, 어느 날 여나라에서 공물로 큰 개를 바쳤고, 이에 무왕이 크게 기뻐했습니다. 그 모습을 본 소공은 제왕이 진기한 물건에 마음을 빼앗겨 자신의 욕심만 채우게 되면 천하를 올바르게 다스릴 수 없다고 하면서, 항상 겸허하고 겸손한 마음을 가지라는 충언을 올렸습니다. 소공은 천하에서 가장 존귀한 자인 제왕이 항상 경계해야 할 도리에 대해 이렇게 밝혔지요.

"밝은 제왕은 항상 덕을 삼가며 실천했습니다. 덕이 성대한 사람은 다른 사람을 업신여겨서는 안 됩니다. 만약 군자를 업신여기면, 그 사람은 마음을 다하지 않을 것입니다. 또한 소인을 업신여기면, 그 사람은 힘을 다하지 않을 것입니다."

군자는 업신여김을 당하면 고상한 명망이 손상당했다고 생각하고 실망해, 멀찌감치 물러난 뒤 미련조차 두지 않고 떠날 것입니다. 이런 상황에서 그가 어떻게 윗사람을 위해 자신의 마음을 다할 수 있겠습니까? 소인은 비록 천박하여 권력을 두려워하고 재물을 좋아해 쉽게 부릴 수 있을 것 같지만, 그들 역시 자기 나름대로의 자존심을 지니고 있습니다. 업신여김을 당하는데 어찌 윗사람을 모시는 데 제힘을 다하겠습니까? 제아무리 천하 지존의 지위에 있는 사람이라도 모든 일을 오직 혼자 해낼 수는 없습니다. 더구나 지위가 높은 사람일수록 주변에서 자신을 도울 사람이 귀하고 절실한 법이지요. 그래서 다른 사람을 천시하거나 하찮게 여기지 않고 덕을 삼가 실천하여, 주변의 군자는 마음을 다하고 소인은 힘을 다하도록 해야 하는 것입니다. 빈부귀천에 관계없이 사람을 존중해야 하는 까닭에는 도덕적이고 윤리적인 면뿐만이 아니라 이렇게 현실적인 면도 있지 않을까요?

명심보감 인문학

다른 사람의 선행을 보면
나의 착한 점을 살피고,
악행을 보면 나의 악한 점을 헤아려라

자신을 성찰하고 또 성찰한 안희와 정자

性理書云(성리서운) 見人之善(견인지선) 而尋己之善(이심기지
선)하고 見人之惡(견인지악)이면 而尋己之惡(이심기지악)하라
如此(여차)면 方是有益(방시유익)이니라.

『성리서』에서 말했다. "다른 사람의 선행을 보면 나에게도 착한
점이 있는지 찾아보고, 다른 사람의 악행을 보면 나에게도 악한
점이 있는지 살펴보라. 이와 같이 한다면 바야흐로 유익함이 있을
것이다."

『성리서』는 『성리대전』을 가리킵니다. 명나라 영락제 때 편찬된
이 책은 송대 이후 성리학자 120여 명의 사상과 저술을 총망라해
놓은 성리학의 백과사전이라고 할 수 있습니다.

『논어』와 함께 공자의 언행록을 대표하는 서적인 『공자가어』
의 「변정편辯政篇」에서도 이와 유사한 구절을 찾아볼 수 있습니다.
여기에서 공자는 "다른 사람의 선행을 말할 때에는 자신도 그 선
행 속에 있는 것처럼 힘써 드러내야 하고, 다른 사람의 악행을 말
할 때에는 자신도 마치 재앙을 받는 것처럼 몹시 두려워해야 한

다"라고 말하고 있습니다. 그렇게 하면 다른 사람의 선행은 본받아서 애써 실천하려고 하는 한편 다른 사람의 악행은 두려워해서 애써 피하려고 하기 때문에, 선행은 날로 늘어나고 악행은 날로 줄어들게 된다는 것이지요. 이것이야말로 유익함이 있는 일이라는 얘기입니다. 또한 공자는 다른 사람의 선행을 숨기는 일은 이른바 현자를 숨기는 일이고, 다른 사람의 악행을 드러내는 것은 스스로 소인이 되는 일이라고 역설했습니다. 이것이야말로 유익함이 없는 일이라는 얘기지요.

다른 사람의 악행을 보고 자신의 악한 점을 살핀 사람으로는 공자의 수제자였던 안회를 대표적으로 꼽을 수 있습니다. 특히 안회는 자신의 악한 점을 헤아리는 데 그치지 않고, 더 나아가 자신의 악한 점을 발견하면 두 번 다시 그와 같은 잘못을 저지르지 않았습니다. 같은 잘못을 되풀이해서 저지르지 않는다는 '불이과不貳過'라는 말은 바로 여기에서 유래한 것입니다.

동생 정이와 함께 송나라 성리학의 태두 중 하나로 손꼽히는 정호의 사례도 참고해 볼 만합니다. 정호는 예닐곱 살 무렵 사냥을 몹시 좋아했는데, 어느 날 문득 염증을 느껴 더 이상 즐기지 않게 되었습니다. 마음에 꺼림칙한 일을 떨쳐냈다는 기쁨에 정호는 스승 주돈이에게 "이제 저는 더 이상 사냥을 좋아하지 않습니다"라고 말했습니다. 그러자 주돈이는 "어찌 그렇게 쉽게 말하느냐? 그대의 마음속에 아직 사냥을 좋아하는 마음이 잠재해 있지만 밖으로 드러나지 않았을 뿐이다. 하루아침에 그 마음이 싹을 틔우면 다시 처음처럼 사냥을 좋아하는 마음이 드러날 것이다"라고 충고

해 줍니다. 그로부터 12년이 지난 어느 날, 정호는 문득 들판에서 사냥하는 사람을 보고 자신도 모르게 기뻐하는 마음이 일어나는 것을 느꼈습니다. 그때서야 비로소 사냥을 좋아하는 마음이 자신 속에서 완전히 사라지지 않았다는 사실을 깨닫고 지난날 스승이 했던 충고를 새삼 떠올렸지요.

여기에서 소개한 정호의 이야기는 율곡 이이가 유학과 성리학의 핵심사상을 집대성해 저술한 『성학집요』의 「수기」 하편에 기록되어 있습니다. 다른 사람의 악행을 보면 자신에게도 악한 점이 있는지 헤아리는 일은 일시적인 것이 아니라 자신의 몸을 마칠 때까지 끊임없이 실천해야 하는 것입니다. 다른 사람의 악행을 볼 때 자신을 경계하고 살피고 극복하고 다스리는 노력을 한 순간이라도 게을리하면 자기 안의 악한 기질과 마음이 언제 다시 모습을 드러낼지 알 수 없기 때문입니다. 율곡은 이 점을 역설하기 위해 정호의 사례를 소개했지요. 성리학사에서 성현의 한 사람으로 추앙받는 정호조차 오랜 세월 수양을 하고도 자기 마음속에 잠재해 있던 악한 기질과 마음을 완전히 몰아내지 못했는데, 일반 사람들이야 말해 무엇 하겠습니까. 자신을 성찰하고 또 성찰하고 다시 성찰하는 데 더욱 힘쓰지 않으면 안 되는 까닭이 바로 여기에 있습니다.

아무리 배워도 부족하다 생각하고,
이미 배운 것은 잃어버릴까 두려워하라

공자가 성인이 될 수밖에 없었던 두 가지 이유

論語曰(논어왈) 學如不及(학여불급)하고 惟恐失之(유공실
지)니라.

『논어』에서 말했다. "배우는 것은 마치 미치지 못하는 것처럼 하
고, 오직 배운 것을 잃어버릴까 두려워해야 한다."

공자가 오늘날까지 성인으로 불리고 있는 까닭은 무엇일까요? 이
질문에는 아마도 수백, 수천 가지의 대답이 나올 것입니다. 공자
의 학문인 유학을 전공했다는 학자는 물론이고 공자에 대해 약간
의 지식이라도 갖고 있는 사람이라면 모두 제 나름의 답변을 내놓
을 것이기 때문입니다. 그런데 공자의 언행록인 『논어』를 읽다 보
면, "아! 공자는 성인이 될 수밖에 없었구나!"하고 감탄할 만한
두 가지 중요한 이유를 깨닫게 됩니다. 그 하나가 여기에 나오는
'학여불급'입니다. 그리고 다른 하나는 '불치하문不恥下問'이라고
할 수 있지요.

먼저 '학여불급'이란 '배울 때에는 미치지 못하는 것과 같이
한다'는 뜻입니다. 이 말은 부지런히 찾아 다른 사람에게 배우는

명심보감 인문학

것을 좋아하면서도 행여 배움에 미치지 못하거나 배운 것을 잃어버리지 않을까 염려한다는 뜻입니다. 『논어』의 「술이편述而篇」에서 공자는 스스럼없이 이렇게 말하고 있습니다.

"나는 태어날 때부터 저절로 아는 사람이 아니다. 다만 옛것을 배우기를 좋아하여 부지런히 배워서 알게 된 사람일 뿐이다."

공자는 제자 자로에게 '안다고 하는 것'이 무엇인지 가르치면서는 이렇게 말했습니다.

"아는 것을 안다고 하고, 모르는 것을 모른다고 하는 것. 이것이 진정으로 아는 것이다."

다음으로 '불치하문'이란 '모르는 것이 있을 때에는 비록 아랫사람에게라도 묻는 것을 부끄럽게 생각하지 않는다'는 뜻입니다. 이 말은 『논어』의 「공야장편公冶長篇」에 나오는데, 제자인 자공의 질문에 대한 공자의 답변 중에 등장하지요.

일찍이 연암 박지원은 제자인 박제가의 사회개혁서인 『북학의』의 서문에서 공자가 성인이 된 까닭에 대해 다음과 같이 말했습니다.

"다른 사람에게 묻는 것을 좋아하고, 또한 다른 사람이 말해주는 것을 잘 배웠기 때문이다."

또한 박지원은 공자의 '불치하문'에 대해 이렇게 말하고 있습니다.

"공자가 학문하는 방법에는 다른 것이 없었다. 모르는 것이 있다면 길가는 사람이라도 붙잡아서 물어보는 것이 학문의 올바른 방법이다. 비록 천하고 어린 종이라고 할지라도 자신이 모르는 것을 알고 있다면 예의염치를 따지지 말고 무조건 묻고 배워야 한다. 단지 부끄러움 때문에 자신보다 더 많이 알고 있는 사람에게 묻지 않는다면 죽을 때까지 아무런 진전도 없이 고루함에 갇혀서 무지함과 어리석음에서 벗어나지 못할 것이다."

모르는 것을 모른다고 하고, 다른 사람에게 배우는 것을 좋아하며, 다른 사람이 말해주는 것을 부지런히 배우면서도 항상 배움에 미치지 못할까 두려워하는 태도야말로 진정 공자가 성인이 될 수 있었던 까닭입니다. 비록 공자와 같은 성인이 아닌 보통 사람이라고 해도, 모르는 것이 있을 때에는 아랫사람에게라도 물어서 기필코 알려고 하고, 또 배울 때에도 항상 부족하다고 여기고 배운 것에 미치지 못할까 봐 두려워하고, 배운 것을 잊지 않기 위해 애를 쓴다면, 무엇을 배우더라도 제대로 배워서 반드시 성취하는 것이 있지 않을까요?

명심보감 인문학

부지런히 배우는 네 가지 방법: 박학, 독지, 절문, 근사

학문의 나침반이 되는 『논어』와 『중용』의 공부법

子夏曰(자하왈) 博學而篤志(박학이독지)하고 切問而近思(절문이근사)하면 仁在其中矣(인재기중의)니라.

자하가 말했다. "널리 배우고, 뜻을 돈독히 하며, 간절하게 묻고, 가까운 것에서부터 생각해 나가면 인이 그 가운데 있다."

여기 자하의 말은 『논어』의 「자장편子張篇」에 나오는 것입니다. 『논어』 하면 대개 공자의 언행록이라고 알고 있지만, 이 책에는 공자의 언행만 기록되어 있는 것이 아닙니다. 『논어』의 내용은 첫째 공자의 말, 둘째 공자와 제자 사이의 대화, 셋째 공자와 주변 사람들 간의 대화, 넷째 제자들의 말, 다섯째 제자들 사이의 대화 등으로 나누어 살펴볼 수 있습니다. 그런데 공자의 제자들 가운데 이상할 만큼 자하의 말이 많이 등장합니다. 그 이유가 무엇일까요? 그 까닭은 『논어』의 제작 및 편찬 과정과 관련이 있습니다. 『논어』는 공자 사후에 제작·편찬된 책으로 공자가 직접 저술한 책이 아닙니다. 그렇다면 누가 『논어』를 펴냈을까요? 여기에 대해서는 네 가지 설이 있습니다. 첫째는 자하를 중심으로 한 공자의 제자들이 주도했다는 설입니다. 둘째는 자하와 중궁과 자유 등이 주도했다는 설입니다. 셋째는 증자의 제자인 악정자춘과 공자의 손자인 자사 등의 후학들이 주도했다는 설입니다. 넷째는 증자와 유자의 문인들이 주도했다는 설입니다. 『논어』에 등장하는 공자의 제자 중 자하가 차지하고 있는 비중으로 보면, 자하 또는 자하의 문인들이 이 책의 만드는 일을 주도했다는 설이 다분히 설득력이 있지 않나 싶습니다.

아무튼 여기 『명심보감』에 실린 박학, 독지, 절문, 근사는 유학이 추구하는 학문 수양의 핵심 방법이자 가치라고 할 수 있습니다. 송나라에 들어와서 기존의 유학을 새롭게 해석한 성리학이 유행하게 되었고, 『근사록』은 성리학의 필수서 중 하나였습니다. 이 책의 제목이 '근사'에서 비롯된 것만 보아도, 자하가 말한 학문의 네 가지 방법이 유학자들 사이에서 얼마나 큰 가치와 의미를 지니고 있었는지 알 수 있지요.

한편, 여기 자하의 네 가지 방법 이외에 유학자들이 나침반으로 삼았던 학문의 방법이 또 있습니다. 바로 『중용』에서 전하고 있는 다섯 가지 방법입니다. 그 첫 번째 방법은 역시 널리 배우는 '박학'입니다. 하지만 두 번째부터 방법이 조금 달라집니다. 두 번째는 자세히 묻는 '심문審問'이고, 세 번째는 신중하게 생각하는 '신사愼思'입니다. 네 번째는 분명하게 변별하는 '명변明辨'이고, 마지막 다섯 번째는 독실하게 실천하는 '독행篤行'입니다.

널리 배운다는 것은 무슨 의미일까요? 『중용』에서는 이렇게 설명합니다. "배우지 않는다면 몰라도 배우게 되었다면 능숙하게 될 때까지 그만두지 않는 것"이다. 또한 자세히 묻는다는 것에 대해서는 "묻지 않는다면 몰라도 묻게 되었다면 알지 않고서는 그만두지 않는 것"이라는 말로 설명하고 있습니다. 신중하게 생각하는 것과 분명하게 변별하는 것은 각각 다음과 같이 말하고 있지요. "생각하지 않는다면 몰라도 생각하게 되었다면 깨달아 터득하지 않고서는 그만두지 않는 것"이고, "변별하지 않는다면 몰라도 변별하게 되었다면 분명하게 밝혀내지 않고서는 그만두지 않는 것"이다. 마지막으로, 독실하게 실천한다는 것은 "실천하지 않는다면 몰라도 실천하게 되었다면 정성과 성실을 다하지 않고서는 그만두지 않는 것"이라고 이야기하고 있습니다.

『논어』의 네 가지 방법과 『중용』의 다섯 가지 방법을 통해 배우고 익혀서 학문의 뜻을 성취하려고 한다면, 반드시 지녀야 할 자세와 태도가 있습니다. 즉 다른 사람이 한 번 그렇게 할 때 자신은 백 번 그렇게 할 수 있어야 하고, 다른 사람이 열 번 그렇게 할 때 자신은 천 번 그렇게 할 수 있어야 합니다. 요즘 말로 바꿔 표현하면 어떤 분야에서 전문가가 되기 위해서는 1만 시간을 투자해야 한다는 '1만 시간의 법칙'과 그 의미가 일맥상통한다고 하겠습니다. 만약 그렇게 한다면 아무리 어리석은 사람이라고 해도 반드시 밝아지고, 비록 유약한 사람이라고 해도 반드시 강해질 것입니다. 한두 번에서 멈추지 않고 백 번을 그렇게 하는데 어떻게 밝아지지 않을 수 있고, 열 번, 백 번이 아니라 천 번을 그렇게 하는데 어떻게 강해지지 않을 수 있겠습니까? 그런 의미에서 학문하는 방법에서도 다른 무엇보다 역시 참고 견디며 버티는 힘, 즉 '인내'와 '끈기'가 중요하다고 할 수 있습니다.

어찌 육신의 근심과 수고로움을
잊을 수 있겠는가

더 많은 배움을 위해 온몸을 던진 금활리

景行錄曰(경행록왈) 心可逸(심가일)하려면 形不可不勞(형불가
불로)요, 道可樂(도가락)하려면 身不可不憂(신불가불우)니라. 形
不勞(형불로)면 則怠惰易弊(즉태타이폐)하고 身不憂(신불우)면
則荒淫不定(즉황음부정)이라. 故逸生於勞而常休(고일생어로이
상휴)하고 樂生於憂而無厭(낙생어우이무염)하니라. 逸樂者(일락
자)는 憂勞(우로)를 豈可忘乎(기가망호)리오.

『경행록』에서 말했다. "마음이 편안하려면 몸이 수고롭지 않으
면 안 되고, 도리가 즐거우려면 몸에 근심이 없으면 안 된다. 몸
이 수고롭지 않으면 게으름의 폐단에 빠지기 쉽고, 몸에 근심이
없으면 음란한 마음에 빠져 안정을 이루기 어렵다. 이러한 까닭
에 편안함은 수고로움에서 생겨나야 제대로 된 휴식이고, 즐거움
은 근심에서 생겨나야 싫증이 나지 않는 법이다. 편안함과 즐거
움을 추구하는 사람이라면 어찌 육신의 근심과 수고로움을 잊을
수 있겠는가?"

육신의 근심과 수고로움을 통해 깨우침을 얻어서 크게 명성을 떨
친 사람으로는 묵자의 제자 금활리를 꼽을 수 있습니다. 묵자는
춘추시대 말기에 태어나 전국시대 초기에 활동한 사상가입니다.

명심보감 인문학

춘추전국시대 중 가장 극심한 혼란과 분열을 겪던 때에 자신의 사상과 이론을 추종하는 제자들을 모아 '묵가'라고 불리는 집단을 이루고 활동했습니다. 맹자가 저서에서 증언한 내용에 따르면, 전국시대에 묵가는 유가를 능가할 만큼 큰 세력을 갖고 있었다고 합니다.

기록에 따르면 묵자를 따른 제자는 300여 명에 이르렀습니다. 묵가는 유가와는 다른 특징을 지니고 있었습니다. 그 특징은 묵가가 묵자의 이론과 사상을 전하는 학자들의 집단이면서, 동시에 생활공동체이자 정치결사체의 성격을 띠고 있었다는 것입니다. 묵가는 자신들의 학설과 주장을 실천하는 행동 조직의 성향을 강하게 띠고 있었습니다.

묵가는 '거자'라고 불리는 지도자를 중심으로 조직을 갖추어 생활했습니다. 그들은 '먹어도 함께 먹고 굶어도 함께 굶고, 살아도 함께 살고 죽어도 함께 죽는' 공동체의식을 공유하고 있었습니다. 거자는 묵가의 이론과 사상을 전수하는 학파의 우두머리이자, 묵가의 사상과 신념을 실천하는 집단의 지도자이기도 했습니다. 묵자는 묵가의 초대 거자였지요. 묵자가 사망한 후, 묵자의 뒤를 이어 거자가 된 제자가 바로 금활리였습니다.

묵자와 제자들의 언행을 담고 있는 책인 『묵자』를 보면, 금활리가 묵자의 제자가 된 후 어떻게 스승의 가르침과 뜻을 실천했는지에 관한 내용이 있습니다. 『묵자』의 「비제편備梯篇」에 나오는 묵자와 금활리의 일화입니다.

"금활리가 묵자를 섬겨 배운 지 삼 년이 되었다. 그는 손발에

못이 박히고 얼굴이 까맣게 타도록 온몸을 다해 스승을 섬겼다. 그러나 감히 자신이 하고자 하는 일에 대해 물어보지 않았다. 묵자는 금활리를 가엾게 여겨 술을 맑게 거르고 포육을 말려 태산에 올라 띠풀(갈대의 일종)을 뉘어 깔고 앉아 술을 권했다. 금활리가 두 번 절하면서 탄식하자, 묵자는 '또 무엇을 원하는 것이냐?'라고 물었다. 이에 금활리가 다시 두 번 절하고는 '나라를 지키는 방법에 대해 말씀해 주십시오'라고 했다. 그러자 묵자가 금활리에게 말했다. '잠깐만 쉬자, 잠깐만 쉬자. 옛날 출중한 재주를 가진 사람이 있었다. 그는 안으로는 백성들과 화합하지 못하고, 밖으로는 나라를 잘 다스리지 못했다. 적은 숫자의 백성으로 많은 숫자의 백성을 업신여기고, 약한 나라로 강한 나라를 가볍게 여겼다. 이 때문에 그는 목숨을 잃었고 나라는 멸망당했다. 이에 천하의 웃음거리가 되었다. 너는 그것을 신중하게 생각해라. 나는 네가 더욱 자신을 혹사시킬까 두렵구나.'"

금활리는 묵자를 찾아가 가르침을 받은 삼 년 동안 온 힘을 바쳐 배우고 온몸을 던져 실천했습니다. 그래서 묵자는 그에게 휴식을 주기 위해 술과 안주를 가지고 태산에 올랐는데, 그곳에서조차 그 충실한 제자는 가르침을 구했던 것입니다. 오죽했으면 묵자가 잠깐 동안이라도 쉬자고 했을까요? 이렇듯 금활리는 육신의 근심과 수고로움을 마다하지 않고 스승의 가르침을 배우고 그 뜻을 실천하려고 했습니다. 이와 같은 노력이 있었기 때문에 금활리는 비록 다른 제자들에 비해 뒤늦게 묵가에 입문했지만, 훗날 묵자의 뒤를 이어 묵가를 이끄는 2대 지도자가 될 수 있었습니다. 묵가의

　　　　　　　　　　　　　　명심보감 인문학

후학들은 금활리를 두고 "인과 의를 좋아하고 순박하며 신중하고 경계하며 법령을 두려워한다면, 그 집안은 날로 번창하고 그 몸은 날로 편안하며 그 명성은 날로 영예로워진다. 또한 관직에 나가서도 도리와 이치에 맞게 일할 수 있다"라고 평가했습니다. 그런 의미에서 금활리야말로 육신의 근심과 수고로움을 통해 진정한 편안함과 즐거움을 찾았던 사람이라고 하겠습니다.

일년지계, 십년지계, 종신지계, 천년지계

명재상 관중이 강조한 계획 수립의 중요성

人無百歲人(인무백세인)이나 枉作千年計(왕작천년계)니라.

사람은 백 세도 살지 못하면서 부질없이 천 년의 계획을 세운다.

춘추시대 주나라의 천자를 대신하여 수많은 나라와 제후에게 실질적으로 권력을 행사했던 사람을 '패자' 즉 '제후들의 우두머리'라고 불렀습니다. '춘추오패'는 춘추시대를 주름잡았던 다섯 명의 패자를 가리키는 말인데, 이 가운데 선두 주자가 제나라의 환공입니다. 환공 외에 진晉나라의 문공, 진秦나라의 목공, 초나라의 장왕, 월나라의 구천 등이 춘추오패지요. 환공을 중국 역사상 최초의 패자로 만드는 데 일등 공신은 제나라의 명재상 관중입니다. 관중은 '법치'와 '부강'을 최고의 이념으로 삼아 제나라를 최강대국으로 변모시켰습니다. 관중은 환공의 책사이자 한 나라를 경영하는 정치가와 전략가로서 탁월한 역량을 보여주었기 때문에, 중국사 최고의 지략가 제갈량조차 그를 흠모해 자신을 관중에 견주어 비교하는 것을 즐거워했다고 합니다.

특히 어떻게 세상을 다스려야 하는가에 관한 관중의 언행과 사상은 『관자』에 자세하게 담겨 있습니다. 저자에 대해서는 논란이 분분하지만 보통 그의 유저로 일컬어지는 이 책에는 '권력을 닦는다' 또는 '다스린다'는 뜻의 「권수편權修篇」이 있는데, 여기에 일년지계一年之計, 십년지계十年之計, 종신지계終身之計에 대한 관중의 언급이 기록되어 있습니다. 관중은 이렇게 말합니다.

"'일 년의 계획'은 곡식을 심는 것보다 나은 것이 없다. '십 년의 계획'은 나무를 심는 것보다 좋은 것이 없다. '평생의 계획'은 사람을 키우는 것보다 더 훌륭한 것이 없다. 한 번 심어서 한 번 수확하는 것은 곡식이다. 한 번 심어서 열 배를 수확하는 것은 나무다. 한 번 심어서 백 배를 수확하는 것은 사람이다."

백 년도 살지 못하는 사람이 천 년의 계획을 세우는 것은 황당 무계하고 부질없는 짓이라고 하겠지만, 어떻게 사람이 계획 없이 아무렇게나 살 수 있겠습니까? 그러므로 『명심보감』의 이 경구는 계획의 쓸모없음을 지적한 것이 아니라, 천년지계千年之計처럼 현실적으로 가능하지도 않고 실천하지도 못할 허황한 계획을 세우느라 인생을 낭비하지 말고 관중이 말한 일 년, 십 년, 평생을 위한 계획과 같이 현실적으로 실현 가능한 계획을 세워 실천해야 한다는 뜻으로 해석하는 게 마땅하지 않을까요?

나무를 잘 기르고, 물을 잘 관리하고, 사람을 잘 기르면

진나라에 천하의 패권을 가져다준 목공의 인재론

景行錄云(경행록운) 木有所養則根本固而枝葉茂(목유소양즉근
본고이지엽무)하여 棟樑之材成(동량지재성)이요, 水有所養則泉
源壯而流派長(수유소양즉천원장이류파장)하여 灌漑之利博(관
개지리박)이요, 人有所養則志氣大而識見明(인유소양즉지기대
이식견명)하여 忠義之士出(충의지사출)이니, 可不養哉(가불양
재)리오.

『경행록』에서 말했다. "나무를 잘 기르면 뿌리가 튼튼하고 가지
와 잎이 무성하여 기둥과 대들보의 재목으로 성장하게 된다. 물
을 잘 관리하면 샘의 근원이 왕성하고 물줄기가 장대하여 관개
의 이로움이 널리 미치게 된다. 사람을 잘 기르면 뜻이 크고 기상
은 당당하며 식견이 밝아져서 충성스럽고 의로운 선비가 나오니,
어찌 잘 기르지 않을 수 있겠는가?"

『여씨춘추』는 「십이기十二記」, 「팔람八覽」, 「육론六論」으로 구성되어
있습니다. 이 가운데 「십이기」는 일 년을 춘하추동의 사계절로 나
눈 다음, 다시 각 계절을 맹孟, 중仲, 계季로 나누어 열 두 달로 분할
하고 있지요. 그다음 각 달의 천문기상이나 자연현상에서부터 나
라의 정사와 백성의 일상생활까지 두루 다루며, 그와 관련된 행동

명심보감 인문학

과 지침에 대해 구체적으로 제시하고 있습니다. 특히 여기에서는 '치목' 즉 '나라에서 월마다 나무를 어떻게 관리해야 하는가'를 구체적으로 명시하고 있습니다. 나무를 잘 길러서 재목으로 성장하도록 하는 일이 국가 정책의 중대사 중 하나였다는 사실을 알 수 있는 대목입니다. 예를 들어, 초봄에 해야 할 일을 규정한 '맹춘'에서는 벌목을 금지하고 있습니다. 또한 늦봄과 관련한 '계춘'에서는 뽕나무를 자르지 못하도록 하고, 초여름과 관련한 '맹하'에서는 큰 나무를 베지 못하도록 하며, 늦여름과 관련한 '계하'에서는 어떤 나무도 베지 못하도록 하고 있습니다. 그리고 늦가을과 관련한 '계추'에 이르러서야 비로소 땔감으로 쓰기에 적당한 나무를 골라 숯을 만드는 것을 허용하고 있습니다.

　　물을 관리하는 일은 나무를 관리하는 일과 비교가 되지 않을 정도로 훨씬 더 중요한 국가 정책 사업이었습니다. 앞서도 이야기했듯이, 우왕은 치수의 공로를 인정받아 순임금에게서 제왕의 자리를 물려받고 하나라를 세웠지요. 고대에 치수는 국가의 성쇠와 존망을 좌지우지할 만큼 중차대한 사업이었습니다. 사마천의 『사기』는 황제의 기록인 열두 편의 「본기」, 제후 혹은 제후 왕의 기록인 서른 편의 「세가」, 인물 전기인 일흔 편의 「열전」, 상고시대부터 한나라 때까지의 역사를 시대별로 구분한 연대표인 열 편의 「표」, 국가의 중요한 제도와 문물을 주제별로 나누어 정리한 여덟 편의 「서」로 구성되어 있습니다. 이 「서」 가운데 중국 고대 왕조의 수해와 치수 및 수리 사업을 정리해 기록한 글이 바로 '하거서'입니다. 이를 보면 알 수 있듯이, 물을 잘 관리하는 관개사업은 중국 고대 국가의 '8대 중요 정책 및 사업' 중의 하나였습니다. 특히 사마천은 물을 잘 다스리는 조운과 관개가 백성의 삶을 안정시키고 풍요롭게 하는 데 직결되는 중대한 문제라는 사실을 밝히기 위해 큰 힘을 기울였습니다.

그러나 치목과 치수보다 그 중요성이 훨씬 더 큰 일이 있었으니, 그것은 바로 '치인'입니다. 치목과 치수를 누가 하겠습니까? 바로 사람입니다. 따라서 사람을 잘 기르는 일이야말로 국가의 중대사 중 중대사였다고 할 수 있습니다. 이때 특히 중요한 것은 치목과 치수와 치인에 두루 통달한 인재를 기르는 일이었습니다. 강성하고 부유한 나라에는 반드시 그 나라를 그러한 방향으로 잘 이끈 인재가 있게 마련입니다. 여기서 주목할 만한 것은 『서경』의 「주서」에 실린 '진서'에 등장하는 진나라의 9대 제후 목공의 인재론입니다. 당시 서쪽 변방의 후진 국가에 불과했던 진秦나라를 일약 천하의 패권을 거머쥔 나라로 변신시킨 인물이 바로 목공입니다. 목공은 제나라의 환공과 진晉나라의 문공에 뒤이어 세 번째로 패자에 오를 만큼 진나라의 권세와 위용을 만천하에 과시했습니다. 목공이 패자가 될 수 있었던 이유는 그의 탁월한 인재론에서 찾아볼 수 있습니다. 그는 이렇게 말하고 있습니다.

"만약 꿋꿋이 자신에게 맡겨진 일만 성실하게 하고 정말 다른 재주와 능력이 없는 어떤 신하가 있다고 하자. 그렇더라도 그가 남의 재주와 능력을 시샘하거나 질투하지 않는 너그러운 마음을 가지고 있다면, 나는 반드시 그를 중용할 것이다. 다른 사람의 재주와 능력을 자신의 재주와 능력처럼 받아들이고, 다른 사람의 뛰어나고 어진 덕을 진심으로 기뻐하며 칭찬하는 사람이라면 기꺼이 중용할 것이다. 그런 사람이라면 반드시 우리 진나라의 자손과 백성을 지켜주고 또한 이롭게 할 것이기 때문이다. 그러나 아무리 뛰어난 재주와 능력을 갖춘 자라도 다른 사람의 재주와 능력을 시기하고 미워하며, 다른 사람의 뛰어나고 어진 덕을 가려 빛을 보지 못하게 하는 자라면, 나는 결코 그를 조정에 받아들이지 않을 것이다. 그런 사람은 우리의 자손과 백성을 지켜주지 못할 뿐 아니라 반드시 위태롭게 할 것이기 때문이다."

목공은 자신의 재주와 능력을 믿는 인재보다는, 역량은 조금 떨어지더라도 다른 사람의 재주와 능력을 질투하거나 시기하지 않고 도리어 자신의 것인 양 기뻐하는 인물이야말로 나라와 백성을 위해 진실로 필요한 인재라고 본 것입니다. 자신의 재주와 능력만을 믿는 사람은 자신만을 위해 말을 하고 일을 교묘하게 꾸미느라 자기 외의 재인을 배척하여 나라와 백성을 위해 등용하지 않지만, 다른 사람의 재주와 능력을 자신의 것인 양 기뻐하는 사람은 나라와 백성을 위해 그를 중용하려고 할 것이기 때문입니다. 이런 점을 생각해 보면, 어떤 사람이 진정 도움이 되는 사람인지는 삼척동자도 알 수 있을 것입니다. 그런 의미에서 사람을 육성할 때는 재주와 능력을 우선으로 두기보다는, 재주와 능력을 갖춘 사람을 인정하고 받아들일 줄 아는 능력을 키우는 걸 우선으로 두는 게 더 중요하다고 하겠습니다.

의심하면 쓰지 말고, 썼다면 의심하지 말라

한신을 의심한 유방과 이회광을 의심한 덕종

疑人(의인)이면 莫用(막용)하고 用人(용인)이면 勿疑(물의)하라.

의심이 가는 사람은 쓰지 말고, 사람을 썼다면 의심하지 말라.

황석공은 『소서』에서 이렇게 말합니다. "위막위어임의危莫危於任疑라." 이는 "의심하면서 일을 맡기는 것보다 더 위태로운 것은 없다"라는 뜻이지요. 『소서』에 주석과 해설을 단 북송의 학자 겸 정치가 장상영은 이 구절에 대해 "한나라 고조 유방은 한신을 의심하면서 대사를 맡겼다. 이 때문에 한신이 배반할 마음을 품었다. 또한 당나라 덕종은 이회광을 의심하면서 대사를 맡겼다. 이 때문에 이회광이 마침내 반란을 일으켰다"라고 설명했습니다.

유방은 항우와의 전쟁에서 승리한 후 한신의 재능과 공적 그리고 세력을 두려워해 행여나 그가 모반을 일으키지는 않을까 끊임없이 의심했습니다. 결국 그는 운몽이라는 곳으로 한신을 유인하여 모반의 밀고가 있었다는 이유로 체포한 다음, 당시 수도였던 낙양으로 끌고 갔습니다. 하지만 한신의 죄를 용서해 주면서 대신

명심보감 인문학

제후왕인 초왕의 지위를 박탈하고 회음후로 강등시켰습니다. 이때부터 한신은 병을 이유로 조회에 나가지 않은 채 날마다 유방을 원망하며, 때가 되면 군사를 동원해 반란을 일으킬 마음을 먹게 되었습니다. 한나라가 개국한 지 십 년째 되는 해, 개국공신 진희가 모반하는 사건이 일어났습니다. 이때 한신은 여전히 병을 핑계로 진희를 토벌하러 나선 유방의 군대에 합류하지 않았습니다. 오히려 비밀리에 진희에게 사람을 보내 군사를 일으키면 자신이 돕겠다는 말을 전했지요. 실제로 이때 한신은 가신들과 함께 거짓 조서를 꾸며서 각 관청의 죄인들과 관노들을 풀어주게 한 다음, 이들의 힘을 이용해 궁궐에 남아 있던 유방의 황후인 여후와 태자를 습격해 죽이려고 했습니다. 그러나 한신의 가신 중 한 사람이 여후에게 이 모반의 계획을 고발했고, 여후의 계략에 속은 한신은 장락궁에서 처형당하고 맙니다. 이후 여후는 한신의 삼족을 모조리 죽였습니다.

이회광은 말갈족 출신으로 당나라 9대 덕종 때 큰 전공을 세워 절도사와 부원수에까지 오른 입지전적인 무장이었습니다. 불의를 보면 참지 못하는 데다 괴팍한 성격이어서, 항상 덕종 주변에서 천하를 혼란스럽게 만든 공경대신들을 죽이겠다고 떠벌리고 다녔습니다. 이 때문에 덕종은 이회광이 혹시 반역을 꾀하지 않나 의심하면서도, 그를 처벌할 경우 실제로 반란을 일으키지 않을까 하는 두려운 마음에 차마 어떻게 하지 못하고 있었습니다. 결국 이회광은 하동에서 모반을 일으켰지요. 이러한 까닭에 장상영은 한신과 이회광의 반역 사건을 빗대 "의심이 나면 쓰지 말라"라는 가르침을 전한 것입니다.

한편, "사람을 썼다면 의심하지 말라"라는 가르침은 『예기』의 「치의편緇衣篇」에 실려 있는 공자의 말씀과 비교해볼 수 있습니다. 이 경구는 곧 "군불의어기신君不疑於其臣 이신불혹어기군의而臣不惑於其君矣" 즉 "군주는 신하를 의심하지 않고, 신하는 군주에게 의혹을 품지 않는다"라는 말과 일맥상통하는 부분이 있기 때문입니다. 공자는 군주가 사람을 쓸 경우, 그의 선은 밝히고 악은 감추며 은혜를 두텁게 베풀면 결코 두 마음을 품지 않을 것이라고 했습니다. 임금 된 자가 신하와 백성의 잘한 일은 만천하에 드러내어 칭찬해 주고 잘못한 일은 감추어주는 관용을 베푼다면, 그 누가 임금이 자신에게 의심과 의혹을 품고 있다고 생각하겠으며 배반의 마음을 품겠습니까? 오히려 자신을 진심으로 믿어주고 있다고 생각할 것이고 더욱 충성할 것입니다. 그런 의미에서 『명심보감』에서 인용하고 있는 이 경구는 사람을 쓰면서 그 잘못과 허물을 자꾸 들추어내어 원망하고 비난하고 나무라는 일이야말로 가장 경계해야 한다는 뜻을 담고 있다고 하겠습니다. 그런 태도는 사람을 쓰는 쪽도 또는 부림을 받는 쪽도 모두 점점 더 의심과 의혹만 품게 할 뿐이기 때문입니다.

명심보감 인문학

물이 너무 맑으면 고기가 없고,
사람이 지나치게 살피면 동료가 없다

공자가 말하는 관직에 들어서는 사람이 알아야 할 도리와 방법

家語云(가어운) 水至淸則無魚(수지청즉무어)요, 人至察則無徒
(인지찰즉무도)니라.

『공자가어』에서 말했다. "물이 너무 맑으면 고기가 없고, 사람이
지나치게 살피면 따르는 무리가 없다."

이 말은 처음 벼슬에 나가는 제자 자장이 '관직에 들어서는 문제'
에 대해 질문했을 때 공자가 말한 대답 중 일부로, 『공자가어』의
「입관편入官篇」에 실려 있습니다. 자장의 질문에, 공자는 "몸이 편
하면서 명예를 얻는다는 것은 어려운 일이다"라고 말해주었습니
다. 이에 자장은 그렇다면 어떻게 해야 하는지 구체적인 가르침을
달라고 재차 질문했습니다.

이에 공자는 관직에 들어서는 사람이 '여섯 가지'를 지킨다면
그 몸이 편안하고 명예를 얻을 수 있을 뿐만 아니라, 정치도 잘하
게 될 것이라고 말했습니다. 첫째, 자신에게 좋은 점이 있다고 해
도 독차지하려고 하지 말고. 둘째, 교화가 불가능하다고 해도 게
을리하지 않으며. 셋째, 이미 지나간 다른 사람의 잘못은 들추어

내지 말고. 넷째, 다른 사람이 실수로 한 말에 기대려 하지 말고. 다섯째, 악한 일이라면 이루어지도록 내버려 두지 말 것이며. 여섯째, 해야 할 일이라면 지체하지 말고 실천해야 한다는 것이 그 내용입니다. 이 외에 공자는 다시 자신의 몸을 지키면서 명예를 얻고 훌륭한 정치를 펴는 데 방해가 되는 '여섯 가지 폐단'을 언급했습니다. 그러면서 첫째, 분쟁과 옥사를 일으키는 분노와 원한. 둘째, 근심과 걱정을 불러오고 모든 것을 막히게 하는 간언의 무시. 셋째, 예의와 예절을 잃게 만드는 오만함과 거만함. 넷째, 시기에 뒤떨어지게 만드는 나태와 게으름. 다섯째, 재물을 부족하게 만드는 사치. 여섯째, 일을 성취할 수 없게 하는 방종을 경계해야 한다고 했지요.

그렇다면 "물이 너무 맑으면 고기가 없고, 사람이 지나치게 살피면 따르는 무리가 없다"라는 공자의 말은 자장에게 무엇을 가르치기 위한 것이었을까요? 그것은 바로 벼슬하는 사람이 알아야 할, '백성을 다스리는 도리와 방법'을 설파하기 위한 것이었습니다. 공자는 벼슬아치가 백성을 다스릴 때는 마땅히 "불가이부지민지성 이달제민지정 不可以不知民之性 而達諸民之情" 곧 "백성의 성품을 알지 않으면 안 되고, 모든 백성의 실정에 통달하지 않으면 안 된다"라고 말했습니다. 그러면서 백성의 성품을 알고 백성의 실정에 통달한다고 해도 지나치게 인색하고 각박하게 백성을 대해서는 안 되고, 또한 지나치게 엄격하고 완벽하게 대해서도 안 된다는 가르침을 주었습니다. 물이 너무 맑으면 고기가 살 수 없고 사람이 지나치게 살피면 따르는 무리가 없는 것과 같은 이치로,

벼슬아치가 인색하고 각박하고 엄격하고 완벽하면 백성이 모이지 않고 또한 따르지도 않기 때문입니다. 지나치게 인색하고 각박하면 백성들에게 원망을 사고 원한을 쌓게 마련이고, 지나치게 엄격하고 완벽하면 백성들이 불만과 분노를 품게 마련입니다. 이러한 까닭에 공자는 백성의 잘못과 허물을 바로잡되, 법과 형벌로만 해서는 안 된다고 했습니다. 백성이 스스로 잘못을 깨닫고 허물을 찾아내도록 하는 것이 벼슬에 나가는 사람이 알아야 할 '백성을 다스리는 도리와 방법'이라는 것이지요. 백성을 덕으로 다스리는 것, 그것이야말로 정치의 시작이라는 말이 자장의 질문에 대한 공자의 가르침이었습니다.

착한 사람을 천거하고 현명한 사람을 추천하면 일신이 편안하다

포숙, 관중의 현명함이 천하에 드러날 수 있게 돕다

眞宗皇帝(진종황제) 御製曰(어제왈) 知危識險(지위식험)이면 終無羅網之門(종무라망지문)이요, 擧善薦賢(거선천현)이면 自有安身之路(자유신안지로)라. 施仁布德(시인포덕)은 乃世代之榮昌(내세대지영창)이요, 懷妬報冤 懷妬報冤(회투보원)은 與子孫之危患(여자손지위환)이요, 損人利己(손인리기)면 終無顯達雲仍(종무현달운잉)이요, 害衆成家(해중성가)면 豈有長久富貴(기유구장부귀)리요, 改名異體(개명이체)는 皆因巧語而生(개인교어이생)이요, 禍起傷身(화기상신)은 皆是不仁之召(개시불인지소)니라.

진종황제가 어제에서 말했다. "위험함을 알고 험난함을 알면 죽을 때까지 법의 그물에 걸려드는 일이 없을 것이요, 착한 사람을 천거하고 현명한 사람을 추천한다면 스스로 일신이 편안한 길에 들어서게 될 것이다. 은혜를 베풀고 덕을 베풀면 대대로 후손들에게 영화와 번창이 있을 것이요, 시기하는 마음을 품고 원한을 갚으려고 하면 자손들에게 위험과 근심이 있을 것이다. 자신의 이익을 위해 다른 사람에게 손해를 끼치면 먼 훗날 후손이 지위와 명망이 높아져서 세상에 드러나는 일이 없을 것이요, 수많은 사람들에게 피해를 주고 집안을 이룬다면 그 부귀를 오래도록 유지할 수 없을 것이다. 이름을 바꾸고 모양새를 달리하는 것은 모두 교묘한 말로 인해 생기는 것이요, 재앙이 일어나 몸이 상하게 되는 것은 모두 어질지 못한 언행이 불러들인 것이다."

명심보감 인문학

진종은 북송의 3대 황제입니다. 그는 즉위 초반 각지에 전운사轉運使를 파견하는 등 민생을 살피고 나라의 재정을 튼튼하게 하는 한편, 산업을 장려하고 학문을 권장하는 데 힘을 쏟았습니다. 과거 제도에 기반 한 관료제가 완성된 시기 역시 그의 치세 때였습니다. 이 점을 생각하면, '착한 사람을 천거하고 현명한 사람을 추천하라'는 구절에는 민생을 도모하고, 재정을 튼튼하게 하고, 학문을 권장하고, 산업을 장려하기 위해 천하의 인재가 절실했던 진종의 의중이 잘 나타나 있다고 볼 수 있습니다.

중국사에서 착한 사람을 천거하고 현명한 사람을 추천해 스스로 일신이 편안한 길에 들어선 사람으로는 누가 있을까요? 그 예로는 친구 사이의 진정한 우정을 표현할 때 흔히 사용하는 고사성어인 '관포지교管鮑之交'의 주인공인 포숙을 들 수 있습니다. 관중과 포숙은 어렸을 때부터 친구 사이였는데, 포숙은 관중의 현명함을 누구보다도 잘 알아주었습니다. 관중은 가난하고 궁색한 탓에 항상 포숙을 속였지만, 포숙은 항상 관중을 잘 대해줄 뿐 자신을 속인 일에 대해 일체 말하지 않았습니다. 관중과 포숙이 고향인 제나라의 정치에 몸을 담았을 때, 제나라는 14대 제후 양공이 다스리고 있었습니다. 그런데 양공은 아주 잔인무도한 사람이어서, 그의 형제들은 목숨을 지키기 위해 이웃 제후국으로 뿔뿔이 흩어져 도망쳐야 했습니다. 그 후 양공이 사촌동생인 무지에게 살해당하고 무지는 다시 신하들에게 살해되는 등 제나라는 군주의 자리를 둘러싼 혼란이 끊이질 않았습니다. 당시 포숙은 제나라의 공자 가운데 소백을 섬겼고, 관중은 공자 규를 모시고 있었습니다. 그런데 제나라의 혼란을 수습하기 위해 중신들이 당시 거나라에 피신해 있던 소백을 불러들여 제후로 추대했습니다. 그가 바로 16대 제후 환공입니다. 소백이 제후가 될 때 공자 규는 그에 맞서 싸우다가 패배해 죽음을 맞았고, 이에 따라 공자 규를 섬긴 관중 역시 감옥에 갇히는 신세가 되었지요.

그런데 포숙은 환공에게 관중의 현명함을 역설하며, 온 힘과 온 마음을 다해 힘써 그를 등용할 것을 권했습니다. 환공이 제후의 자리를 두고 목숨을 겨룬 공자 규의 핵심 참모였던 관중을 경계하여 선뜻 기용하려고 하지 않자, 포숙은 이렇게 말했습니다.

"공께서 제나라를 다스리는 데 만족하신다면 저 포숙과 고혜만 있어도 됩니다. 하지만 공께서 천하의 우두머리가 되고자 하신다면 반드시 관중이 있어야 합니다. 관중은 어느 나라에 있든 그 현명함 때문에 중용될 인물이니 절대로 놓쳐서는 안 됩니다."

결국 환공은 포숙의 간곡한 추천에 마음을 돌려 제나라의 정치를 관중에게 맡겼습니다. 그 후 관중의 현명한 정치와 보좌 덕택에 환공은 춘추시대 최초의 패자가 되었습니다. 이러한 이유로 관중은 항상 말하기를 "나를 낳아 준 분은 부모님이지만, 참으로 나를 알아준 사람으로는 포숙이 있을 뿐이다"라고 했습니다.

환공을 제후의 자리에 오르게 한 공적으로 치자면 포숙은 관중과 비교할 수 없을 정도로 높은 자리에 있어야 마땅했습니다. 어느 누구도 이의제기를 하지 못할 만큼 포숙의 공적은 거대했습니다. 하지만 포숙은 환공에게 관중을 추천한 다음, 항상 일신을 관중의 아랫자리에 두었습니다. 이렇게 공경함과 공손함과 겸손함으로 친구를 대하는 사람이라면, 반드시 친구뿐만 아니라 세상 사람 모두를 그렇게 대하기 마련이지요.

　이러한 포숙의 처신과 가르침 덕분이었을까요? 포숙의 자손들은 무려 십여 대에 이르기까지 현달한 집안의 지위와 명성을 유지했다고 합니다. 참으로 "착한 사람을 천거하고 현명한 사람을 추천하면 일신이 편안하다"라는 가르침에 딱 들어맞는 이야기가 아닙니까? 하물며 자신의 일신뿐만 아니라 몇백 년 뒤 후손들의 처지까지 편안하게 해준 셈이니, 착한 사람을 천거하고 현명한 사람을 추천한 일의 이로움과 혜택은 정말 크고도 깊다고 하겠습니다. 이 때문에 세상 사람들은 관중의 현명함보다 오히려 그것을 알아보는 안목을 가진 포숙의 현명함을 더 높게 칭찬했습니다. 자신보다 뛰어난 친구를 시기하거나 질투하지 않고, 오히려 그의 자질과 능력이 천하에 크게 드러날 수 있도록 적극 추천하고 천거한 포숙이야말로 진실로 '착하고 어질고 현명한 사람'이라고 생각했기 때문입니다.

충신은 두 임금을 섬기지 않고,
열녀는 두 남편을 섬기지 않는다

제나라 재건의 불씨가 된 왕촉의 자결

王蠋曰(왕촉왈) 忠臣(충신)은 不事二君(불사이군)하고, 烈女(열녀)는 不更二夫(불경이부)니라.

왕촉이 말했다. "충신은 두 임금을 섬기지 않고, 열녀는 두 남편을 바꾸어 섬기지 않는다."

왕촉은 전국시대 제나라 사람인데, 당시 어질고 현명한 성품으로 크게 명성을 얻었다고 합니다. 『명심보감』에서 소개하고 있는 이 경구는, 연나라 소왕이 보낸 장군 악의의 공격으로 제나라가 존망의 위기에 처했을 때 왕촉이 한 말입니다. 악의는 제나라의 여러 지역을 공격해 연전연승을 거두고 있었지만, 왕촉이 연고를 두고 있는 획읍 주변 30리 안으로는 들어가지 말라고 군사들에게 명했습니다. 제나라 백성들이 왕촉의 의로움과 절개를 존경해 따른다는 사실을 익히 알고 있었기 때문에, 왕촉을 설득하고 회유해서 연나라의 편에 서게 한다면 크게 민심을 얻을 수 있다고 판단했기 때문이지요.

당시 악의는 왕촉에게 연나라의 신하가 되면 1만 호의 식읍을 주고 장군으로 삼겠다고 했습니다. 왕촉은 이 제안을 단호하게 거절했고, 악의는 말을 듣지 않으면 군대를 동원해 획읍 백성들을 모두 죽이겠다고 위협했습니다. 그러나 왕촉은 악의의 겁박 따위는 아랑곳하지 않은 채 당당하게 이렇게 말했습니다.

"제나라 임금이 일찍이 간언을 듣지 않아서 비록 지금 내가 들판에서 밭을 일구는 신세가 되었지만, 멸망의 위기에 처한 나라조차 지켜내지 못하는 나의 상황이 한탄스러울 뿐이다. 그런데 다시 그대의 위협과 협박에 굴복해 연나라의 벼슬아치가 된다면 폭군 걸왕을 도와 포악하고 무도한 행동을 하는 것과 무엇이 다르겠는가. 의롭지 못하게 살아가느니 차라리 가마솥에서 삶겨 죽는 것이 훨씬 더 낫지 않겠는가."

말을 마친 왕촉은 의연하게 나무에 목을 매고 자결했습니다. 나라의 멸망보다 자기 한 몸의 안전을 위해 이곳저곳으로 도망 다니기 바빴던 제나라의 벼슬아치들은 왕촉의 죽음을 전해들은 후 "벼슬도 하지 않은 왕촉도 절개를 지켜 연나라를 섬기지 않는 의로움을 보였는데, 나라의 녹을 먹는 우리가 이렇게 도망만 다녀서야 되겠느냐?"라며 크게 반성하고 뉘우쳤다고 합니다. 이후 제나라 대부들은 한 가지로 뜻을 모은 다음 거성으로 가서 민왕의 아들을 찾아 새로이 양왕으로 세웠습니다. 그리고 제나라를 재건하기 위해 연나라 군대에 맞서 힘껏 싸우기 시작했습니다.

왕촉이 목을 매 자결하기 직전 마지막으로 남긴 말이 바로 "충신은 두 임금을 섬기지 않고, 열녀는 두 남편을 바꾸어 섬기지 않는다"입니다. 왕촉의 말은 그 후 임금을 섬기는 신하와 남편을 따르는 아내가 지켜야 할 기본적인 도리이자 실천 덕목으로서 오랜 세월 사람들 사이에서 회자되었습니다. 왕촉의 고사는 『사기』의 「전단열전」에 자세하게 기록되어 있습니다.

바르게 간언하고 옳은 말을 다해야 충신이다

비간의 고사가 말해주는 간언의 올바른 의미

抱朴子曰(포박자왈) 迎斧鉞而正諫(영부월이정간)하며 據鼎鑊而
盡言(거정확이진언)이면 此謂忠臣也(차위충신야)니라.

포박자가 말했다. "도끼를 맞아서 죽는 한이 있어도 바르게 간언
하고, 솥에 넣고 삶아 죽인다고 해도 할 말을 다 한다면, 그 사람
이 바로 충신이다."

중국 역사에서 죽음을 불사하고 제왕에게 간언한 충신을 꼽자면,
상나라의 마지막 임금인 폭군 주왕의 숙부였던 비간만 한 사람
이 없습니다. 폭군 주왕과 비간의 고사는 『사기』의 「은본기殷本紀」
와 「송미자세가宋微子世家」에 실려 있습니다. 앞서도 얘기했듯이 주
왕은 무도함과 잔혹함, 포악함과 음탕함이 도를 넘기로 정평이 나
있었습니다. 주왕은 비간의 거듭된 간언을 단 한 번도 듣지 않았
습니다. 하지만 비간은 미자계나 기자 등 다른 왕족이 목숨을 보
전하기 위해 달아나거나 미친 척한 것과는 다르게 죽을 때까지 충
언을 멈추지 않았습니다. 비간은 특히 기자가 정신을 놓은 척하며
노예가 된 모습을 보고, 주왕에게 간언하면 반드시 죽게 될 것이

라는 사실을 알면서도 이렇게 말했습니다.

"신하 된 사람이 임금에게 잘못과 허물이 있는데도 목숨이 아까워서 간언하지 않는다면 도리를 다하지 않는 것입니다. 임금의 잘못과 허물로 백성들이 큰 고통을 당하고 있는데 그냥 두고 볼 수는 없습니다. 도대체 백성들에게 무슨 죄가 있단 말입니까?"

비간은 직접 주왕 앞에 나서 폭정을 멈추고 잘못을 바로 잡으라고 직언을 했습니다. 이에 몹시 분노한 주왕은 "나는 성인의 심장은 다른 사람과 다르게 일곱 개의 구멍이 있다고 들었다. 이것이 믿을 만한 말인지 직접 봐야겠다"라고 하면서 비간의 몸을 가르고 심장을 도려냈다고 합니다.

목숨을 잃게 될 줄 알면서도 위험을 무릅쓰고 임금에게 간언한 비간의 충심과 충정은 물론 칭찬받아 마땅합니다. 하지만 자신은 죽고 임금의 폭정과 잘못 또한 고치지 못했다면 실질적으로 아무것도 얻지 못했다고 할 수 있습니다. 이러한 까닭에 옛 성현들은 간언과 충언을 하되, 마땅히 임금을 설득해 선정과 선행으로 이끌 수 있는 방법으로 해야 한다고 역설했습니다. 이렇게 주장한 대표적인 사람은 '북송오자' 즉 '북송의 다섯 학자' 중 하나로 꼽히는 성리학자 정이입니다.

『근사록』에서 소개하는 바에 따르면, 정이는 어리석은 범부의 마음처럼 임금의 마음 또한 '가려져서 어두운 곳'이 있고 '통하여 밝은 곳'이 있다고 했습니다. 그리고 신하가 임금의 잘못에 대해 간언과 충언을 할 때는 '가려져서 어두운 곳'으로만 해서는 안 되고, 반드시 '통하여 밝은 곳'을 찾아서 들어가야 한다고 주장했지요. 예를 들어, 임금이 주색에 빠져 있다면, 그것은 그 마음이 가려지고 어두워져서 그렇게 된 것이라는 얘기입니다. 정이의 말을 인용하면 이렇습니다.

"임금의 허물을 직접 드러내어 강하게 간언한 신하는 대개 임금의 마음을 거스르고 미움을 받아서 오히려 임금의 과오를 바로잡지 못했다. 반면 임금의 마음 가운데 가려져 있지 않은 밝은 곳을 찾아서 온후하게 도리를 밝힌 신하는 대개 임금을 설득할 수 있었다. 이러한 까닭에 예로부터 임금에게 간언과 충언을 잘한 신하는 반드시 '가려져서 어두운 곳'이 아니라 '통하여 밝은 곳'을 찾아 들어가 임금을 깨우치게 했다."

이와는 반대로, 신하들에게 간언과 충언을 구하는 임금의 자세는 어떠해야 할까요? 임금이라면 누구나 충신을 곁에 두고 싶어 할 것입니다. 그러기 위해서는 자신에게 필요한 충고를 잘 듣고 잘 구하는 것이 무엇보다 중요하지요. 이와 관련해서는 『정관정요』에 실려 있는 당태종의 말이 참고할 만합니다. 당태종은 이렇게 말하고 있습니다.

"예로부터 제왕들은 자신의 감정에 따라 매우 기뻐하기도 하고 몹시 분노하기도 했다. 그래서 매우 기쁘면 공적이 없는데도 함부로 상을 주고, 몹시 분노하면 죄가 없는데도 함부로 죽이곤 하였다. 죄 없는 신하나 백성이 죽고 나라가 혼란스러워진 이유가 대개 여기에 있었다. 나는 항상 이러한 사실을 마음에 새겨 언행을 조심하지 않은 적이 없다. 그대들은 항상 마음을 다해 간언하라. 나 또한 그대들의 간언과 충고를 마음을 다해 받아들이겠다.

어찌 그대들의 말이 나의 뜻과 같지 않다고 해서, 나의 허물과 단점을 감싸겠는가. 그대들의 간언과 충고를 받아들이지 못하면서 어찌 내가 신하와 백성에게 올바른 말을 할 수 있겠는가?"

당태종의 말을 보면, 지도자가 아랫사람의 간언과 충언을 잘 듣고 잘 구하기 위해서는 반드시 세 가지 자세를 갖추고 있어야 한다는 것을 알 수 있습니다. 첫째가 자신의 감정을 억제해 다스리는 것이라면, 둘째는 자신의 마음을 다해 간언과 충언을 받아들이는 것이고, 셋째는 자신의 허물과 단점을 감싸지 말아야 한다는 것입니다. 옛사람의 지혜가 담긴 이런 자세는 오늘날 사회 지도층들도 새겨볼 만한 충분한 가치가 있지 않을까요?

부지런한 것은 나의 보물이고, 신중한 것은 나의 신표다

부지런함과 신중함의 대명사 도간과 노자

太公曰(태공왈) 勤爲無價之寶(근위무가지보)요, 愼是護身之符
(신시호신지부)니라.

태공이 말했다. "부지런함은 값을 매길 수 없는 보물이고, 신중함
은 자신의 몸을 보호해 주는 신표다."

근면함과 부지런함은 유학이 추구하는 최고의 가치입니다. 농업
이 모든 것의 근본이라고 생각한 중국 고대사회에서 근면함과 부
지런함은 최고의 미덕이기도 했습니다. 농경은 월마다 또는 절기
마다 해야 할 일이 정해져 있습니다. 매달 해야 할 일을 하지 않거
나 24절기에 맞게 행동하지 않으면 그해 농사를 망치게 됩니다.
그래서 한시도 일을 게을리해서는 안 되며 항상 부지런해야 하는
것입니다. 근면하고 부지런해야 한다는 관념은 농경사회 전반을
지배하는 사고방식입니다. 벼슬아치도 예외가 아니었습니다. 청
렴결백함과 더불어 벼슬아치를 평가하는 최고의 덕목 역시 근면
과 성실이었습니다.

　이러한 까닭에 자녀들을 어떤 사람으로 가르쳐야 하는가를

담았던 『소학』에도 근면함과 부지런함의 사표가 될 만한 사람들의 일화가 자주 등장합니다. 그중 특별히 눈길을 사로잡는 인물이 무릉도원의 고사로 유명한 도연명의 증조부이자 위진남북조시대 동진의 무장 도간입니다. 도간은 항상 사람들에게 이렇게 말했다고 합니다.

"하나라의 우왕은 성인으로 세상 모든 사람들로부터 존경과 추앙을 받았다. 그런데도 우왕은 촌음을 아껴 일했다고 한다. 하물며 보통 사람에 불과한 우리들이야 단 일 분의 시간이라도 아껴야 하지 않겠느냐. 제멋대로 놀고 게으름이나 피우면서 술에 취해 흥청망청 헛되게 세월을 보내면 아니 된다. 그러면 살아 있을 때는 시대에 아무런 이익이 되지 않고, 죽어서는 후세에 명성을 남기지 못할 것이다. 이것은 스스로 자신을 포기하고 스스로 자신을 버리는 짓에 다름없다."

도간은 광주자사라는 벼슬에 있을 때, 만약 관청의 업무가 없어서 한가하면 항상 아침에 벽돌 백 장을 집 밖으로 옮겼다가 저녁이 되면 다시 집 안으로 옮겼다고 합니다. 한 순간도 게으름을 피우지 않기 위해서였습니다. 또한 형주자사로 부임해서는 한 치의 흐트러짐 없이 하루 종일 천 가지, 만 가지로 얽히고설킨 관청의 수많은 복잡한 일들을 처리해 냈다고 합니다. 이렇듯 자기가 맡은 일에 부지런하고 치밀했던 도간은 훗날 자신의 근면함으로 쌓은 공로를 인정받아 태위, 즉 재상의 자리에 올랐습니다. 촌음을 아꼈던 우왕처럼 단 일 분의 시간도 헛되게 낭비하지 않으려고 했던 도간의 고사야말로 "부지런함은 값을 매길 수 없는 보물이다"라는 격언의 본보기로 삼을 만하다고 하겠습니다.

그렇다면 신중함의 길잡이로 삼을 만한 사람으로는 누구를 꼽을 수 있을까요? 다름 아닌 노자입니다. 그는 『노자』에서 이렇게 말하고 있습니다.

"도리를 행하는 사람은 미묘하고 신묘하고 통달하고 깊어서 알 수가 없다. 알 수가 없기 때문에 구태여 형용하자면 이렇다. 머뭇거림은 마치 겨울에 차디찬 냇물을 건너는 것처럼 하고, 경계함은 마치 사방의 이웃을 두려워하는 것처럼 하며, 엄숙함은 마치 손님인 것처럼 한다. 풀림은 마치 얼음이 녹는 것처럼 하고, 두터움은 마치 통나무인 것처럼 하며, 텅 비움은 마치 계곡인 것처럼 하고, 혼탁함은 마치 더러운 물인 것처럼 한다. 누가 혼탁한 것을 잠잠하게 해서 서서히 맑아지게 할 수 있는가? 누가 가만히 있는 것을 움직여서 서서히 살아나게 할 수 있는가? 이와 같이 도리를 보전하려는 사람은 가득 채우려고 하지 않는다."

도리를 행하는 사람의 외면과 내면을 표현한 노자의 말 중 『명심보감』에서 강조하고 있는 신중함과 관련이 있는 대목은 "머뭇거림은 마치 겨울에 차디찬 냇물을 건너는 것처럼 한다"와 "경계함은 마치 사방의 이웃을 두려워하는 것처럼 한다"입니다. 겨울에 차디찬 냇물을 건너는 사람보다 더 신중하게 행동하는 사람이 어디에 있겠습니까. 또 사방의 이웃을 경계하는 사람보다 더 신중하게 처신하는 사람이 어디에 있겠습니까. 신중함은 분명 복을 불러들이는 덕목은 아닙니다. 그러나 재앙을 피하는 데는 신중함만큼 최선의 덕목은 없지 않을까요?

일찍이 정약용이 자신이 머물던 '여유당'의 당호가 가진 의미를 글로 지어 밝힌 「여유당기」에서도 노자의 말을 찾아볼 수 있습니다. 정약용은 『노자』의 '여혜약동섭천與兮若冬涉川 유혜약외사린猶兮若畏四隣(겨울에 냇물을 건너듯 신중하고 사방의 이웃을 두려워하듯 경계하라)'의 가르침을 본받아 살겠다는 뜻을 담아, 각 구절의 앞 글자를 따 '여유당'이라는 당호를 지었습니다. 정약용은 노자의 말을 인용해 오직 '조심스러운 삶'을 살겠다는 뜻을 밝혀서, 정조 사후에 집권한 노론벽파 세력이 자신을 향해 겨눌 숙청의 칼날을 피하려고 했던 것입니다. 이런 일화를 봐도, 노자의 말이야말로 동양 고전의 구절 중 '신중함'의 뜻을 가장 잘 담고 있다고 할 수 있겠습니다.

오직 부지런할 때만 좋은 결과가 있다

우공의 부지런함이 큰 산을 움직이다

凡戱(범희)는 무익(無益)이요, 惟勤(유근)이 有功(유공)이니라.

장난과 희롱은 아무런 이로움이 없는 일이고, 오직 부지런할 때만 좋은 결과가 있다.

"오직 부지런할 때만 좋은 결과가 있다"는 말과 딱 들어맞는 고사성어를 한번 찾아볼까요? 아마도 눈치 빠른 독자라면 어렵지 않게 '우공이산愚公移山'을 떠올릴 것입니다. 우공이산은 『노자』, 『장자』와 더불어 3대 도가경서로 꼽히는 『열자』의 「탕문편湯問編」에서 유래한 말입니다.

북산에 사는 우공은 나이가 아흔에 가까운 노인인데, 태행산과 왕옥산이라는 두 개의 산을 마주 대하고 살고 있었습니다. 이 산들은 사방 둘레가 칠백 리에 높이가 수만 척이나 되었지요. 우공은 출입할 때마다 이 산들 때문에 먼 길을 돌아다녀야 하는 불편을 겪었습니다. 이런 불편과 고통을 견디다 못한 그는 집안사람들을 모아놓고 "험한 산을 평평하게 만들려고 한다. 예주 남쪽과 한수 남쪽까지 곧바로 갈 수 있도록 할 것이다. 모두 나와 함께 힘을 합칠 수 있겠느냐?"라고 물었습니다. 그 자리에 있던 모든 사

람이 찬성했지만 오직 우공의 아내만은 반대했습니다. "당신의
힘으로는 작은 언덕조차도 어쩌지 못하면서 태행산이나 왕옥산처
럼 큰 산을 어떻게 평평하게 하겠다는 것입니까? 더욱이 그곳에
서 나온 흙과 돌은 어디에 버린단 말입니까?" 그러자 여러 사람들
이 발해의 구석 은토 북쪽에 버리면 된다고 대답했습니다.

마침내 우공은 아들들과 손자들을 거느리고 산의 흙을 파고
바위를 깨서 산을 허물기 시작했습니다. 짐을 지는 세 사람은 흙
과 돌을 삼태기와 거적에 담아 운반했지요. 우공의 이웃집에 사
는 과부의 예닐곱밖에 되지 않는 아이까지 뛰어나와 산을 옮기는
일을 도왔습니다. 그런데 그 작업 속도는 일 년에 겨우 두 차례 흙
과 돌을 지고 갔다가 버리고 돌아오는 지경이었습니다. 이 광경을
지켜보던 하곡의 지수라는 노인이 웃으면서 "자네는 어찌 이렇게
어리석단 말인가! 죽을 날만 기다리고 있는 늙은이의 힘으로는 풀
한 포기도 제대로 뽑지 못할 텐데, 도대체 저 큰 산들의 저토록 많
은 흙과 돌을 어떻게 하겠다는 것인가?"라고 말하여 적극 만류했
습니다.

그 말을 묵묵히 듣고 있던 우공은 "자네의 좁은 소견은 저 과
부의 어린 아들만도 못하군. 비록 내가 죽는다고 해도 내 자식이
남아서 이 일을 계속할 것이네. 내 자식은 손자를 낳을 것이고, 손
자는 또 자식을 낳을 것이며, 그 자식은 또 자식을 낳고, 다시 그
자식은 또 자식을 낳지 않겠는가. 이렇게 나의 자손은 대를 이어
끝이 없겠지만 저 산의 둘레가 늘어나고 높이가 높아지지는 않을
것 아닌가. 그런데 어째서 산이 허물어져서 평평해지지 않을 것이

라고 장담하는가?"라고 반문했습니다.

　우공의 말을 듣고 있던 지수 노인은 말문이 막혀 결국 아무 말도 하지 못했습니다. 그런데 우공의 이야기를 들은 두 산의 산신령은 우공과 그의 자손들이 산을 없애는 일을 그만두지 않을 것이라는 두려운 마음에 상제에게 달려가 말려달려고 호소했습니다. 하지만 오히려 상제는 우공의 성실함과 부지런함에 크게 감동해서 신통력을 지닌 과아씨의 두 아들에게 산을 들어 옮겨서 한 산은 삭동에, 다른 산은 옹남에 놓아두도록 했습니다. 이로 인해 기주 남쪽에서 한수 남쪽에 이르기까지 사람의 행로를 가로막는 산이 없게 되었습니다.

　이런 고사로 알 수 있듯이, 우공이산은 다른 사람의 눈에 불가능해 보이는 멍청하고 어리석은 짓일지라도 한 가지 일을 쉬지 않고 계속해서 노력한다면 마침내 그 뜻을 이루게 된다는 것을 뜻하는 고사성어입니다. 성실함과 부지런함이야말로 좋은 결과의 보증수표라는 교훈을 주고 있지요.

경계하고 또 경계하라

경계, 주역이 담고 있는 진정한 철학

得忍且忍(득인차인)하고 得戒且戒(득계차계)하라. 不忍不戒(불인불계)면 小事成大(소사성대)니라.

참고 다시 참고, 경계하고 다시 경계하라. 참지 않고 경계하지 않으면 작은 일이 큰일이 되어버린다.

사람의 성품을 다스리는 데 있어서 인내 못지않게 중요한 덕목 중의 하나가 '계' 즉 경계하는 것입니다. 오늘날 많은 사람들이 앞날을 내다보는 점술 책 정도로 생각하는 『주역』은 실제로는 옛사람들이 자신의 언행으로 인해 발생하는 온갖 사건과 사고를 스스로 경계하고 다시 경계하기 위해 탐독했던 유가의 경전입니다.

사람에게 어떤 사건이나 사고가 일어날 때는, 의식하거나 인식하지 못할 뿐이지 반드시 그 발생 가능성을 미리 알려주는 기미와 조짐, 징후나 예후가 있게 마련입니다. 『주역』은 바로 이러한 기미와 조짐 혹은 징후나 예후를 미리 감지하고 예측한 다음 방비하는 능력을 길러주는 책입니다. 공자는 이와 같은 『주역』의 기능과 역할에 대해 '장차 일어날지도 모를 우환을 미리 걱정해 예측하고 경계하는 사고방식을 갖게 해주는 것'이라고 언급했습니다.

공자는『주역』의「계사전」에서 이렇게 말하고 있지요.

"위험은 지위가 편안할 때, 멸망은 잘 보존되고 있을 때, 변란은 잘 다스려지고 있을 때 그 조짐이 싹튼다. 그러므로 편안할 때 위험을 잊지 않고, 잘 보존될 때 멸망을 잊지 않고, 잘 다스려질 때 변란을 잊지 않는다면, 자신의 몸은 편안하고 나라는 보존될 수 있다."

이러한『주역』의 기능과 역할을「곤괘」의 '육사효'를 예로 들어 설명해보겠습니다. 그 내용은 "괄낭括囊 무구無咎 무예無譽"로, "주머니의 입구를 동여매니 허물도 없고 명예도 없다"라는 뜻이지요. 이는 곧 주머니의 입구를 동여매듯이 입을 동여매 말을 삼가고 조심하라는 것으로, 신중하게 말을 하게 되면 절대로 해로움이 없다는 사실을 말해주고 있지요. 특히 '육사효'는 아랫사람이 윗사람을 보좌하는 자리인데, 아랫사람은 윗사람에게 말을 할 때 반드시 조심하고 경계해야 한다는 가르침을 주고 있다고 합니다.

또한「여괘」의 '초육효'에는 "여쇄쇄 사기소취재旅瑣瑣 斯其所取災" 즉 "여행할 때 사소한 일에 얽매이면, 그로 말미암아 재앙을 당하게 된다"라고 쓰여 있습니다. 이는 집을 떠나 먼 길을 가는 사람이 조심하고 경계해야 할 일을 가리키고 있지요. 이에 대해 북송 중기 성리학자 정이가 풀이하기를 "마음에 품은 뜻이 비루한 사람이 집을 떠나 먼 길을 가는 도중 곤란하고 궁색한 상황에 처하면 사소한 것에도 이익과 해악을 다투면서 온갖 일을 거리낌 없이 저지른다. 이렇게 하면 큰 모욕을 당하고 재앙을 입는 원인이 된다"라고 했습니다. 먼 길을 가는 사람이 지나치게 강경하면 다른 사람과 다툼을 피할 수 없어서 자칫 재앙을 입게 되므로 그 언행을 조심하고, 또 낯선 곳에 가서 스스로 잘난 척하면 자칫 큰 곤욕을 치르게 되므로 그 언행을 경계하라는 뜻입니다.

그런 의미에서 『시경』의 「소아」 '소민'에 나오듯이 "여림심연 여리박빙 如臨深淵 如履薄氷" 해야 할 것입니다. 즉 "마치 깊은 연못에 다다른 듯, 얇은 살얼음을 밟고 건너는 듯" 항상 기미와 조짐 혹은 징후나 예후를 살피고 헤아려야 하는 것이지요. 이렇게 미리 몸과 마음을 가다듬어 조심하고 경계하라는 뜻이야말로 『주역』이 담고 있는 진정한 철학이라고 하겠습니다.

명심보감 인문학

원수를 피하듯 여색을 피하고, 화살을 피하듯 욕정을 피하라

여색에 빠져 나라를 멸망시킨 도양왕과 창후의 고사

夷堅志云(이견지운) 避色如避讐(피색여피수)하고 避風如避箭(피풍여피전)하며 莫喫空心茶(막끽공심다)하고 少食中夜飯(소식중야반)하라.

『이견지』에서 말했다. "여색을 피하는 것을 마치 원수를 피하는 것처럼 하고, 음란한 풍속을 피하는 것을 마치 화살을 피하는 것처럼 하며, 빈속에는 차를 마시지 말고, 한밤중에는 음식을 적게 먹어라."

『이견지』는 남송 시대 학자로 한림학사를 지낸 홍매가 지은 설화집입니다. 홍매가 송나라 초기부터 자신이 살았던 시대까지 민간의 괴상한 사건을 모아 엮은 일종의 지괴소설집이지요. 이 책은 특히 분량과 규모 면에서 송나라 태종의 칙명에 의해 978년에 편찬된 설화집인 『태평광기』와 비교되곤 합니다. 그러나 『태평광기』가 국가 차원의 역량이 광범위하게 동원된 반면 『이견지』는 홍매라는 한 학자의 손에 의해 저술되었다는 점에서 중국문학사상 전무후무한 서적이라는 평가를 받고 있습니다. 『이견지』라는 책의 제목은 도가경전 『열자』의 「탕문편(湯問編)」에서 취한 것입니다. 즉

끝을 알 수 없을 만큼 넓고 거대한 바다에는 '곤鯤'이라는 거대한 물고기와 '붕鵬'이라는 거대한 새가 살고 있는데, "우왕이 세상을 돌아다니면서 그것을 보았고, 백익이 그것을 알고 나서 이름을 지었고, 이견이 그것을 듣고 나서 기록을 하였다"라는 내용에서 '이견지'라는 한자를 취해 책의 제목으로 삼은 것이지요. 홍매는 제목에서부터 세상에 존재한다고 믿기 어려운 일이나 괴상하고 기이한 사건들을 모으고 엮어서 이 책을 펴냈다는 사실을 밝히고 있습니다. 애초 이 책은 총 420권이었지만 오랜 세월이 지나면서 흩어지고 사라져서 지금은 약 절반 정도의 분량만 남아 있다고 합니다.

『명심보감』의 엮은이가 옮겨놓은 『이견지』의 경구를 보는 순간, 필자는 문득 『시경』의 「용풍鄘風」에 실려 있는 「상서相鼠」라는 제목의 시가 떠올랐습니다. '상서'는 '저 쥐를 보라!'라는 뜻이지요. 시의 전문을 소개하면 아래와 같습니다.

相鼠有皮 人而無儀 人而無儀 不死何爲
(상서유피 인이무의 인이무의 불사하위)
相鼠有齒 人而無止 人而無止 不死何俟
(상서유치 인이무지 인이무지 불사하사)
相鼠有體 人而無禮 人而無禮 胡不遄死
(상서유체 인이무례 인이무례 호불천사)

저 쥐도 가죽을 갖추었거늘 사람으로서 예의가 없네.

사람으로서 예의가 없으면 어찌 죽음을 면할 수 있겠는가?

저 쥐도 이빨을 갖추었거늘 사람으로서 예의가 없네.
사람으로서 예의가 없으면 어찌 죽음이 기다리지 않겠는가?

저 쥐도 모양새를 갖추었거늘 사람으로서 예의가 없네.
사람으로서 예의가 없으면 어찌 빨리 죽지 않겠는가?

이 시는 풍속이 음란하기로 악명을 떨쳤던 중국 고대 위나라 사회를 풍자한 것입니다. 미물에 불과한 쥐도 갖추고 있어야 할 것을 갖추고 있는데, 사람이 예의도 모른 채 여색에 빠져서 음란한 짓이나 일삼는다면 결코 좋은 죽음을 맞을 수 없을 것이라는 경고를 담고 있습니다. 전한 때 역사가인 유향이 지은 『열녀전』을 보면, 이 「상서」처럼 여색에 빠져서 음란한 짓을 하다가 죽음을 재촉하고 나라를 멸망으로 내몬 전국시대 말기 조나라 도양왕과 왕후 창후의 고사가 기록되어 있습니다.

조나라 도양왕은 뛰어난 미색을 갖춘 한 여인에게 매혹되어 후궁으로 삼으려고 했습니다. 하지만 그녀는 행실이 좋지 않기로 이미 나라 안에서 소문이 자자했습니다. 이 때문에 충신 이목이 도양왕의 결정에 극력 반대하면서 이렇게 말했습니다.

"비록 외모는 아름답지만 음란하여 행실이 바르지 못한 여자 때문에 나라가 어지러워지고 끝내 멸망의 위험에 빠졌던 경우가 많았습니다. 이 여인은 이미 한 가문을 혼란스럽게 한 적이 있습니다. 대왕께서는 그러한 사실이 두렵지 않으십니까!"

일찍이 이목은 조나라의 북쪽 변방을 지키던 장수로, 당시 크게 위세를 떨친 흉노족에 맞서 싸운 명장이었습니다. 특히 병사들을 잘 다루는 탁월한 재주를 가지고 있었지요. 그는 흉노족 10여만 명을 죽이고 북쪽 변방의 여러 유목 민족을 제압했는데, 이 때문에 거의 10년 동안 흉노족은 조나라 국경을 넘어오지 못했습니다. 또한 그는 대장군이 되어 조나라를 끊임없이 위협해온 초강대국 진나라 군대를 여러 차례 크게 쳐부수는 전공을 세웠습니다. 이로 말미암아 진나라는 이목이 살아 있는 동안 조나라를 함부로 공격하지 못했습니다.

어쨌든 조정 안팎의 신하와 백성들로부터 큰 존경을 받고 있는 이목의 간언에도 불구하고 도양왕은 "나라가 어지러워지거나 잘 다스려지는 것은 내가 어떻게 정치를 하느냐에 달려 있을 뿐이오. 한 여인이 이렇게 저렇게 할 수 있는 일이 아니오"라고 하면서 고집을 꺾지 않고 결국 그 여인을 후궁으로 맞아들여 '창희'로 삼았습니다.

도양왕은 원래 왕후에게서 낳은 아들 '가'를 이미 다음 왕위를 이을 태자로 정해놓고 있었습니다. 그런데 왕의 총애를 독차지한 창희가 아들 '천'을 낳으면서, 조나라 왕실에는 왕위계승을 둘러싼 온갖 이간질과 모함과 모략이 판을 치는 아수라장이 펼쳐지고 맙니다. 먼저 창희는 도양왕과 왕후 사이를 이간질하고 태자 가를 무고하여 죄를 뒤집어 씌웠습니다. 창희의 미색에 홀려 음란한 짓을 일삼느라 사리판단이 흐려진 도양왕은 결국 태자 가를 폐하고 천을 태자로 삼았습니다. 게다가 왕후를 내쫓고 창희를 왕후의 자리에 올려 창후(倡后)로 삼았지요. 얼마 지나지 않아 도양왕은 죽고 창후의 아들 천이 왕위를 계승해 유민왕이 되었습니다. 음탕한 성격에 행실이 문란했던 창후는 비밀리에 춘평군과 정을 통하는 것도 모자라, 진나라로부터 엄청난 양의 뇌물을 받고 매수되어 조나라를 몰락의 길로 내몰았습니다. 특히 진나라가 가장 두려워한 명장 이목을 모함하여 자신의 아들 유민왕으로 하여금 자객을 보내 주살하도록 했지요. 그 후 진나라는 군대를 몰아 불시에 조나라를 침략했습니다. 이미 진나라를 막을 힘을 잃어버린 조나라의 유민왕은 포로로 잡혀 끌려갔고, 결국 조나라는 멸망하고 맙니다. 창후는 어떻게 되었을까요? 나라가 아직 멸망하기 전 조나라의 대부가 창후를 잡아 죽이고 그녀의 집안을 몰락시켰습니다. 그리고 폐위된 태자 가를 왕위에 올려 대왕으로 삼아 진나라에 맞서 싸웠습니다. 하지만 도양왕과 창후의 악행 이후 왕실에 충성을 바칠 신하와 백성이 얼마나 있었겠습니까? 결국 전국시대 7웅 중 하나로 한때 강대국의 위세를 떨쳤던 조나라는 진나라에 의해 멸망당한 다음, 진나라의 일개 군으로 전락했습니다.

『열녀전』의 저자 유향은 도양왕과 창후의 고사에 대해 이러한 논평을 남겼습니다. "도양왕과 창후는 탐욕하고 잔인해 만족할 줄 몰랐다. 적자인 태자를 폐위할 목적으로 모략하고 내쫓았다. 더욱이 창후는 음탕해서 춘평군과 놀아났는데, 그 악행이 끝을 알수 없을 정도였다. 마지막에 이르러서는 진나라로부터 뇌물을 받고 조나라를 멸망시켰다. 음란함과 악행으로 자기 한 몸 죽는 것으로도 모자라 한 나라를 멸망으로 내몰았다." 그러면서 『시경』의 「상서」 가운데 "인이무례 불사하위人而無禮 不死何爲" 곧 "사람으로서 예의가 없으면 어찌 죽음을 면할 수 있겠는가?"라는 구절을 인용하며, 도양왕과 창후야말로 "이와 같은 일의 예가 될 것이다"라고 밝혔습니다.

명심보감 인문학

착한 일이면 욕심을 내고,
악한 일이면 즐겨하지 말라

태공망 여상이 나라를 바로 세울 수 있었던 두 가지 힘

太公曰(태공왈) 見善如渴(견선여갈)하고 聞惡如聾(문악여롱)하
라. 又曰(우왈) 善事(선사)는 須貪(수탐)하고 惡事(악사)는 莫樂
(막락)하라.

태공이 말했다. "착한 일을 보거든 마치 목마른 것처럼 하고, 악
한 일을 보거든 마치 귀가 먹은 것처럼 하라." 또한 말했다. "착한
일은 모름지기 탐내고, 악한 일은 즐겨하지 말라."

『천자문』의 예순일곱 번째 문장은 "반계이윤 좌시아형磻溪伊尹 佐時
阿衡"으로, 그 뜻은 "반계와 이윤은 시기를 도와 아형이 되었다"입
니다. 이는 반계의 여상이 주나라 문왕의 시기를 돕고, 이윤이라
는 자가 상나라 탕왕의 시기를 도와 둘 다 아형, 즉 재상의 지위에
올랐던 사실을 표현한 문장이지요. 그런데 이 문장에서 여상이 문
왕을 만난 역사적인 사건을 엿볼 수 있습니다. 문왕이 아직 서백
(서쪽 제후들의 우두머리)의 지위에 있을 때 반계 지역에서 여상을 만
났는데, 여상은 폭군 주왕의 혼란스러운 세상을 피해 미끼도 없는
낚싯대를 드리우고 때를 기다리고 있었습니다. 그런데 왜 이들의

만남이 역사적인 사건이냐고요? 여상을 만나 그를 책사이자 재상으로 등용한 다음에야 비로소 문왕과 그의 아들 무왕이 상나라를 멸망시키고 주나라를 개국할 수 있었기 때문입니다. '여상'을 지칭하던 또 다른 이름은 '태공망' 또는 '강태공'입니다. 여상과 문왕의 만남은 그 역사적 중요성 때문인지 사마천의 『사기』에도 매우 드라마틱하게 기록되어 있습니다.

어느 날, 문왕은 사냥을 나가면서 점을 쳤습니다. 그런데 점쟁이가 용이나 이무기 혹은 호랑이나 곰이 아닌, 천하를 제패할 패왕의 책사를 얻게 될 것이라고 말했습니다. 점쟁이의 예언처럼 문왕은 위수 북쪽 반계에서 여상을 만났습니다. 여상과 대화를 나누고 난 후 문왕은 크게 기뻐하며 이렇게 말했다고 합니다.

"나의 아버지 태공께서 일찍이 '성인이 나타나면 크게 흥성할 것이다'라고 말씀하셨습니다. 그런데 드디어 성인을 만났습니다. 나의 아버지 태공께서 오랜 세월 선생을 기다리셨습니다."

이때부터 문왕은 자신의 아버지 '태공'의 '바람' 혹은 '기다림'이라는 뜻을 담아 여상을 '태공망'이라고 부르게 되었습니다. 당시 여상의 나이가 일흔두 살이었다고 합니다. 이때부터 사람들은 여상을 '태공망 여상'이라고 부르기 시작했습니다. 그런데 여상이면 성이 여일 텐데, 왜 사람들은 다시 그를 강태공이라고 할까요? 이유는 이렇습니다. 그의 조상은 원래 강씨로 하나라의 개국시조인 우왕을 도와 물과 땅을 다스리는 데 큰 공을 세웠고, 그 공적으로 여읍에 봉해졌습니다. 고대 중국에서는 봉지에 따라 성을 사용하기도 했기 때문에 원래의 성인 강씨를 좇아 강태공이라 부르기도 하고, 봉지의 이름인 여읍을 따라 여상이라고도 하는 것입니다.

주나라의 책사가 된 태공은 수많은 권모와 계책을 내놓아 천하의 여론과 민심을 문왕에게 돌려놓았습니다. 문왕이 죽은 이후에는 다시 그의 아들 무왕의 군사와 국사가 되어, 마침내 폭군 주왕을 정벌하고 상나라를 멸망시킨 다음 주나라의 시대를 활짝 열었습니다. 천하를 제패한 무왕은 당연히 여상을 개국의 일등 공신으로 삼았습니다. 특히 큰 공로를 인정받은 여상은 중국 대륙의 가장 동쪽에 자리하고 있는 제나라를 분봉받았습니다. 제나라를 다스리게 된 여상은 정치를 바로잡고, 풍습과 예법을 바꾸고, 상업과 공업을 발전시키고, 어업과 염업의 이익을 편리하게 했습니다. 이에 천하의 수많은 백성들이 제 발로 찾아와 제나라의 백성이 되었고, 제나라는 천자국인 주나라가 분봉한 수많은 제후국 가운데 가장 부유하고 강대한 나라가 될 수 있었습니다.

여기 『명심보감』에서 인용하고 있는 태공망 여상의 말을 보면, 그가 문왕과 무왕을 인도하여 천하를 제패하고, 나아가 자신의 봉국인 제나라를 천하의 백성들이 너나없이 찾아와 살고 싶어 하는 나라로 만들었던 근본적인 힘을 읽을 수 있을 것입니다.

첫째가 '착한 일을 보면 목이 마른 사람이 물을 찾는 것처럼 하고, 악한 일을 보면 귀가 먹은 사람처럼 행동하는 태도'라고 한다면, 둘째가 '착한 일이면 귀한 보물을 얻은 것처럼 욕심을 내고, 악한 일이면 결코 즐겨하지 않는 정신'이라고 하겠습니다.

위급한 상황에 빠지면 도와주고, 위태로운 처지에 처하면 구제해 주어라

조순의 도움으로 목숨을 건진 시미명, 훗날 조순의 목숨을 구해주다

悶人之凶(민인지흉)하고 樂人之善(낙인지선)하며, 濟人之急(제인지급)하고 求人之危(구인지위)하라.

다른 사람의 흉한 일에 번민하고, 다른 사람의 좋은 일에 즐거워하며, 다른 사람이 위급한 상황에 빠졌거든 도와주고, 다른 사람이 위태로운 처지에 처했거든 구제해 주어라.

춘추시대 진나라의 제후 영공은 사치스럽고 방탕한 데다가 포악하고 잔인무도한 인물이었습니다. 그는 활 쏘는 사람을 시켜 누대 위에서 길 가는 아무에게나 화살을 쏘게 하고, 사람들이 혼비백산하며 피하는 모습을 감상하며 즐겼습니다. 자신이 즐겨 먹는 곰발바닥 요리가 덜 익었다는 이유로 궁중 요리사를 죽이는 것도 모자라, 그의 부인에게 시체를 지고 궁 안을 지나가게 하는 모욕을 주었습니다. 이런 포악함과 잔인무도함을 보다 못한 신하 조순이 여러 차례 간언했지만 듣지 않았습니다. 오히려 영공은 간언을 멈추지 않은 조순을 큰 근심덩어리로 여기고 아예 죽여 없애버릴 마음을 먹었지요.

성품이 어질고 공정했던 조순은 예전에 수산이라는 곳에서 사냥을 하다가 뽕나무 아래에서 굶주려 곧 죽게 된 시미명이라는 사람을 만난 적이 있었습니다. 조순은 그의 모습이 너무나 위급하고 측은해 보여서 음식을 건네주었습니다. 그런데 곧 죽게 될 정도로 굶주렸던 사람이 음식의 반만 먹고 나머지 반은 남겨놓는 것이 아니겠습니까? 이를 의아하게 여긴 조순이 왜 그러냐고 물었습니다. 그러자 시미명은 고향을 떠난 지 삼 년이 되었고 어머니의 생존 여부는 알지 못하지만, 그래도 어머니를 만나면 드리려고 음식을 남겨두었다고 답했습니다. 조순은 그의 사람됨이 의롭다고 생각해 밥과 고기를 충분히 더 주었습니다. 그리고 얼마 지나지 않아 시미명은 영공의 주방장이 되었습니다.

그해 가을, 영공은 조순을 초청해 술자리를 베푸는 척하고 매복한 병사를 시켜 살해하려고 했습니다. 이때 영공의 주방장으로서 술자리에 함께 있게 된 시미명이 기지를 발휘해 조순에게 먼저 자리를 뜨도록 하여 죽음의 재앙을 피하게 했습니다. 조순은 이미 떠났지만, 영공이 숨겨놓은 병사들은 이 사실을 미처 알지 못하고 사나운 맹견을 풀었지요. 그러자 시미명은 이번에는 맹견을 묶어 죽여버렸습니다. 잠시 후, 영공의 명을 받은 병사들이 조순을 뒤쫓아가 죽이려고 했습니다. 이에 시미명은 조순을 뒤쫓는 병사들에게 반격을 가해 더 이상 나아갈 수 없게 만들었습니다. 그래서 마침내 조순은 아무런 화도 입지 않고 그 자리를 완전히 벗어날 수 있었습니다. 죽음의 위기를 넘긴 조순은 그때까지도 시미명이 누구인지 전혀 알아보지 못하고, 왜 그토록 자신을 구해주려고 애를 쓰느냐고 물어보았습니다. 그러자 시미명은 "예전 뽕나무 아래에서 어르신이 구해줬던 굶주린 사람이 바로 접니다"라고 대답했습니다. 조순은 자신의 목숨을 구해준 은혜가 너무나 컸기 때문에 이름을 물었지만, 시미명은 끝내 알려 주지 않았습니다.

위태로운 처지에 놓여 있던 사람을 보고 아무런 대가와 보답을 바라지 않고 도왔던 일로, 조순은 목숨을 빼앗길 절체절명의 위급 상황에서 간신히 살아날 수 있었습니다. 이보다 더 큰 대가와 보답이 세상 어디에 있겠습니까? 자신이 되돌려 받을 이익을 생각하지 않고 어려움에 빠진 사람을 돕는 선행을 베풀었기 때문에, 사람으로서 받을 수 있는 가장 큰 대가와 보답을 받았던 것은 아닐까요? 이것이 바로 '음덕'입니다.

그렇다면 시미명의 도움으로 목숨을 건진 조순의 운명은 어떻게 되었을까요? 진나라에서 더 이상 살 수 없게 된 조순은 이웃 나라로 달아났습니다. 그런데 그가 국경을 채 벗어나기도 전에 조순의 동생 조천 장군이 영공을 공격해 살해했습니다. 다시 돌아온 조순은 평소 어질고 공정한 처신 덕분에 크게 민심을 얻고 있었기 때문에 원래의 지위에 복귀할 수 있었습니다. 그리고 조순은 성공을 새로이 임금으로 세웠습니다. 영공과 조순 그리고 시미명의 은원에 얽힌 고사는 『사기』의 「진세가」 중 「영공 14년」 부분에 자세하게 기록되어 있습니다.

밑 빠진 항아리는 막아도
사람의 입은 막기 어렵다

식언과 관련한 탕왕과 애공의 고사

寧塞無底缸(영생무저항)이언정 難塞鼻下橫(난색비하횡)이니라.

차라리 밑 빠진 항아리는 막을 수 있지만 코밑에 가로놓인 입은
막기 어렵다.

『명심보감』에서 소개한 이 경구는, 입은 막기 어렵기 때문에 반
드시 말은 조심스럽고 신중해야 한다는 뜻입니다. 여기서는 상나
라 탕왕과 더불어 노나라 애공의 사례를 통해, 신중하고 삼가는
말의 중요성을 강조하는 이 가르침이 어떤 참된 뜻을 가지고 있는
지 한번 살펴보겠습니다.

　『서경』 중 상나라의 문헌과 기록을 모아 엮은 「상서편」에 보
면 「탕서」 즉 '탕왕의 맹서'라는 제목의 글이 나옵니다. 「탕서」에
대해서는 앞에서도 소개한 적이 있지요. 이 글은 탕왕이 하나라의
폭군 걸왕을 정벌하러 군사를 동원하면서 자신에게 천하의 민심
을 모이게 하려는 목적으로 발표한 것이지요. 이 가운데에는 "짐
불식언 이불종서언 여즉노륙여 망유유사朕不食言 爾不從誓言 予則孥戮
汝 罔有攸赦"라는 구절이 있습니다. 그 뜻은 이러합니다. "나는 결코

식언하지 않는다. 그대들이 내가 맹서한 말을 따르지 않는다면, 나는 그대들을 처자식과 함께 죽일 것이다. 용서하는 일은 절대로 없을 것이다."

우리가 오늘날 흔히 '거짓말' 혹은 '헛된 말'이라는 뜻으로 사용하는 '식언食言'은 바로 이 「탕서」에 최초로 등장하는 단어입니다. '식언'은 의역을 하면 거짓말 혹은 헛된 말이지만, 직역을 하면 '말을 먹는다' 혹은 '말을 삼킨다'가 될 것입니다. 즉 자신이 한 말을 다시 입 안으로 넣어버린다는 것으로, 자신이 한 말을 지키지 않는다는 뜻입니다.

공자가 지은 노나라의 역사서 『춘추』에 좌구명이 주석과 해설을 덧붙인 『춘추좌씨전』 중 「애공 25년」 조를 보면 다시 한번 '식언'이라는 말을 찾아볼 수 있습니다. 노나라의 왕 애공이 월나라에서 돌아오자 당시 노나라의 실권자였던 계강자와 맹무백이 '오오'라는 곳까지 나가 맞이했습니다. 그런데 애공의 수레를 몰고 있던 곽중이 먼저 계강자와 맹무백을 보고 애공에게 "저 두 사람은 평소 왕에 대해 나쁜 말을 많이 합니다. 왕께서도 저들에게 하고 싶은 말을 다 하십시오"라고 진언했습니다. 애공이 오오에서 술잔치를 베풀자 맹무백이 애공의 장수를 비는 술잔을 올리면서 곽중을 향해 "왜 그렇게 살이 쪘는가?"라며 크게 꾸짖었습니다. 이 순간, 계강자가 앞으로 나서서 맹무백에게 벌주를 내리라고 애공에게 청했습니다. 자신들은 나라를 지키느라 애공을 따르지 못하는 죄를 지었는데, 애공을 모시고 멀고 긴 여정을 마치고 돌아온 곽중에게 살이 쪘다고 꾸짖는 것은 큰 잘못이라는 이유였습니다.

계강자의 말을 듣고 있던 애공은 뼈 있는 말을 한마디 했습니다. "시식언다의 능무비호是食言多矣 能無肥乎." 해석하자면 "그것은 식언을 많이 먹었기 때문이오. 어찌 살이 찌지 않을 수 있겠소?"라는 뜻입니다. 곽중이 살이 찐 까닭은 계강자와 맹무백를 비롯한 많은 사람들의 '식언'을 많이 들었기 때문이라는 얘기였습니다. 사람들이 애공 자신이나 곽중에게 거짓말과 헛된 말을 많이 하는데, 곽중이 때론 애공을 대신해서, 때론 직접적으로 그런 말들을 많이 들었음을 에둘러 표현한 것이지요. 이는 곧 계강자와 맹무백에게 '너희는 마치 나를 위하는 충신인 양 행세하고 있지만, 실제로는 식언이나 일삼고 속이는 간신이자 권신에 불과하다'고 말한 것이나 다름없었습니다.

이러한 까닭 때문일까요? 『춘추좌씨전』은 이날의 술잔치가 전혀 즐겁지 않았고, 오히려 이후 애공과 계강자나 맹무백를 비롯한 대부들 사이에 악감정만 남게 되었다고 비평했습니다. 그렇다면 애공과 이들은 나중에 어떻게 되었을까요? 애공 시대 당시 노나라의 실권은 계강자의 계손씨와 맹무백의 맹손씨 그리고 숙손씨가 함께 장악하고 있었습니다. 이들은 모두 예전 노나라의 임금이었던 환공의 후손이어서 대개 '삼환씨'라고 불렸지요. 이날의 술잔치 이후 애공은 월나라의 도움을 받아 이들 삼환씨를 제거하려고 하다가, 오히려 임금의 자리에서 쫓겨나 월나라에서 비참한 죽음을 맞았습니다.

애공의 최후는 임금과 신하가 서로를 믿지 못해 식언을 일삼는 상황에, 말속에 뼈를 담아 비방하고 공격했던 오오의 술잔치까지 더해진 일이 계기가 되었다는 점에서 '말로 인해 빚어진 재앙'이라고 하겠습니다.

◎

적게 베풀면서 많이 바라지 말고, 존귀하게 된 다음에는 빈천했을 때를 잊지 말라

장량이 황석공에게서 「소서」를 받을 수 있었던 이유

素書云(소서운) 薄施厚望者(박시후망자)는 不報(불보)하고
貴而忘賤者(귀이망천자)는 不久(불구)니라.

『소서』에서 말했다. "적게 베풀면서 많은 것을 바라는 사람은 보답을 받지 못하고, 존귀하게 되고 나서 빈천했을 때를 잊어버리는 사람은 오래가지 못한다."

앞서 소개한 적이 있듯이, 사마천의 『사기』는 황제들의 역사인 「본기」, 제후들의 역사인 「세가」, 그 외 기록적인 인물이나 주변 민족들의 역사인 「열전」으로 구성되어 있습니다. 이 가운데 「세가」에는 '유후세가'라는 제목의 글이 실려 있지요. 유방의 두뇌 역할을 하여 한나라가 개국하는 데 일등 공신 중에서도 일등 공신 역할을 했다고 해서, 훗날 유후에 봉해진 전략가 장량에 관한 이야기입니다. '유후세가'의 첫 장을 펼치면, 장량을 당대 최고의 전략가로 거듭나게 해준 황석공이라는 노인과의 기이한 만남이 등장합니다.

젊은 시절 폭군 진시황의 암살을 시도했다가 도망자 신세가 된 장량은 성과 이름까지 바꾸고 하비라는 곳에 숨어 살았습니다. 어느 날, 장량이 다리를 건너는데 거친 삼베옷을 걸친 한 노인이 신발을 다리 밑으로 떨어뜨리고선 다짜고짜 장량에게 주워오라고 했지요. 장량은 황당했지만 지켜보는 사람들도 있고 해서 어쩔 수 없이 다리 밑으로 내려가 신발을 주워왔습니다. 장량이 애써 신발을 주워오자, 이 노인은 더욱 황당하게도 이제 발에 신기라고 하는 것이 아니겠습니까! 장량은 꾹 참고 신발을 신겨주었는데 노인은 고맙다는 말도 하지 않은 채 그저 씩 웃으면서 가버렸습니다. 놀란 장량은 우두커니 서서 노인의 뒷모습만 바라봤습니다. 그런데 노인이 돌아와서는, 닷새 뒤 새벽에 다시 이곳에서 만나자고 말했습니다. 노인의 기이한 행동에 호기심이 생긴 장량은 닷새 뒤 새벽에 약속 장소로 나갔습니다. 그런데 노인은 미리 와 있다가 크게 화를 내며 "왜 나보다 늦게 오느냐?"라는 말만 남긴 채 자리를 떴습니다. 하지만 이번에도 되돌아와서 다시 닷새 뒤에 만나자고 하면서, 오늘보다 더 일찍 나오라고 했습니다.

닷새 뒤 닭이 울 때 장량이 약속 장소에 갔을 때 또 같은 일이 벌어졌습니다. 먼저 도착해 있던 노인이 장량에게 늦었다며 화를 내면서, 닷새 뒤에는 좀 더 일찍 나오라고 하고 가버렸지요. 이번에는 절대로 늦지 않겠다고 각오를 다진 장량은 닷새 뒤 새벽이 아직 반도 지나지 않은 시간에 약속 장소에 도착했습니다. 얼마 후 나타난 노인은 장량의 인내와 참을성에 크게 기뻐하면서 한 권의 책을 건네주며 말했습니다.

명심보감 인문학

"이 책을 읽으면 제왕이 되려고 하는 사람의 스승이 될 수 있을 것이다. 그러나 10년을 익혀야 제대로 된 효과를 볼 수 있다. 젊은이는 13년 후 나를 제북에서 다시 만날 것이다. 나로 말하자면 곡성산 아래의 황석이라는 사람이다."

노인이 장량에게 건넨 책은 세상을 구할 수도 있고, 반대로 망하게 할 수도 있는 기서奇書였습니다. 이런 책을 아무에게나 함부로 전할 수 있었겠습니까! 이렇게 보면, 노인은 여러 차례에 걸쳐 장량의 사람됨을 시험한 다음, 이 책을 건넬 사람인지 아닌지 살펴봤다고 할 것입니다. 노인이 장량의 인내심과 성실함에 감탄했기 때문에, 장량은 제왕을 보좌해 천하를 다스릴 수 있는 비결이 담긴 기서를 손에 넣을 수 있었던 셈입니다.

어쨌든 장량은 노인과의 만남을 괴이하게 여기고, 이후 그 책을 항상 지니고 다니면서 외우고 익히기를 게을리하지 않았습니다. 당시 노인이 건네준 책은 『태공병법』이라고 불린 병법서로, 곧 황석공의 『소서』였습니다. 장량이 당대 최고의 정치 전략가가 될 수 있었던 것은 젊었을 때 만난 기이한 노인이 건네준 『소서』 덕분이라고 해도 과언이 아닙니다. 유방은 장량을 참모로 둔 덕분에 '역발산기개세'의 영웅 항우를 물리치고 한나라 창업에 성공했습니다. 한발 더 나아가 한나라의 백년대계를 튼튼하게 세울 수 있었던 것 역시 장량의 보좌 덕분이었습니다.

『명심보감』에서 인용한 문장은, 바로 황석공이 장량에게 건네준 『소서』 가운데 5장 「준의장」에 실려 있습니다. '준의장'은 뜻은 '의로움을 따르라'입니다.

부귀와 빈천을 대하는 태도를 보면
대장부와 소인배를 알 수 있다

송홍이 보여준 대장부가 갖춰야 할 품격

蘇東坡云(소동파운) 富不親兮貧不疎(부불친혜빈불소)는 此是人間大丈夫(차시인간대장부)요, 富則進兮貧則退(부즉진혜빈즉퇴)는 此是人間盡小輩(차시인간진소배)니라.

소동파가 말했다. "부유하다고 해서 친하지 않고 가난하다고 해서 멀리하지 않는다면, 그 사람이 바로 대장부다. 부유하다고 해서 가까이하고 가난하다고 해서 멀리한다면, 그 사람은 진실로 소인배다."

당나라와 송나라 시대의 명문장가를 가리켜 '당송팔대가'라고 하지요. 당나라의 한유, 유종원과 송나라의 구양수, 소순, 소식, 소철, 증공, 왕안석이 이에 해당됩니다. 이 중 소식이 바로 동파육의 개발자로도 유명한 소동파입니다. '동파'는 호이고 이름이 '식'인데, 사람들에게는 '소식'보다는 '소동파'로 더 많이 알려져 있지요. 어쨌든 소동파는 뛰어난 문장가답게 부와 지위의 높낮이가 서로 다른 사람들을 대하는 태도를 보면 상대방의 인격을 알 수 있다는 의미심장하고 정곡을 찌르는 말을 남겼습니다. 이 말은 남북조시대 송나라의 범엽이 쓴 역사서 『후한서』 중 「송홍열전」의 고

　　　　　　　　　　　　명심보감 인문학

사를 떠올리게 합니다.

후한 초 광무제 때 사람인 송홍은 정직한 성품과 온후한 성격 그리고 청렴결백한 처신으로 사람들에게 큰 존경을 받았고, 높은 벼슬에 올라 크게 출세했습니다. 당시 광무제에게는 홀몸이 된 손위 누이 호양공주가 있었습니다. 광무제는 항상 과부가 된 누이의 불운한 처지를 안타까워했습니다. 이 때문에 자신의 신하 중 마땅한 배필을 찾아서 결혼을 시키려고 했지요. 그러던 어느 날, 광무제는 호양공주와 대화를 나누다가 호양공주가 송홍에게 마음이 있다는 사실을 알게 되었습니다. 호양공주가 송홍의 인품과 재능을 크게 칭찬했기 때문입니다. 이에 광무제는 송홍과 호양공주를 맺어주려고 마음먹었습니다. 그런데 광무제가 자신의 뜻을 이루는 데는 한 가지 큰 난제가 있었습니다. 송홍에게 이미 아내가 있었던 것입니다. 광무제는 송홍을 부른 다음, 은근히 그의 속마음을 떠보려 이렇게 말했습니다.

"속담에 사람은 지위가 높아져서 고귀해지면 친구를 바꾸고, 부유해져서 부자가 되면 아내를 바꾼다고 하였소. 짐이 보건대, 이것은 사람이라면 누구나 가질 수 있는 생각이오만 그대는 어떻게 생각하오?"

광무제가 말을 끝맺자마자 송홍은 자세를 고쳐 앉고 정색을 하며 이렇게 말했습니다.

"신은 빈천할 때 사귄 친구는 잊어서는 안 되고, 술지게미와 쌀겨를 먹으면서 어려움을 함께한 아내는 집 밖으로 내쫓지 않는다고 들었습니다."

'빈천지교貧賤之交 불가망不可忘, 조강지처糟糠之妻 불하당不下堂.'
우리에게도 잘 알려져 있는 이 유명한 말이 바로 이때 나온 것입니다. 이 말은 지위가 높아져서 귀해졌다고 해도 가난하고 천할 때 사귄 친구와의 의리를 배반해서는 안 되고, 또한 부유해져서 부자가 되었다고 해도 가난한 시절 고생과 어려움을 함께한 아내와의 의리를 배신해서는 안 된다는 뜻이지요. 송홍의 지조와 의리에 탄복한 광무제는 결국 송홍을 호양공주와 맺어주려고 했던 마음을 포기했습니다.

이렇게 본다면, 송홍은 부유하다고 해서 친하지 않고 가난하다고 해서 멀리하지 않아야 대장부라고 할 수 있다는 소동파의 말에 딱 들어맞는 대장부 중의 대장부라고 하겠습니다. 또한 소동파와 송홍의 말을 비교해서 해석해 보면, 친구뿐 아니라 부부 사이에도 '의' 즉 '의리' 혹은 '의로움'이 있어야 한다는 사실을 깨달을 수 있습니다. '부귀와 빈천에 따라 마음을 바꾸지 않은 것.' 이것이야말로 친구에 대해, 또 배우자에 대해 반드시 간직하고 지켜야 할 의리 혹은 의로움이라 할 수 있겠습니다.

명심보감 인문학

시작이 훌륭하다고 해서
끝까지 훌륭하기는 힘들다

위징이 당태종에게 직언한 유종의 미를 거두기 힘든 열 가지 이유

有福莫享盡(유복막향진)하라 福盡身貧窮(복진신빈궁)이요,
有勢莫使盡(유세막사진)하라 勢盡寃相逢(세진원상봉)이니라.
福兮常自惜(복혜상자석)하고 勢兮常自恭(세혜상자공)하라.
人生驕與侈(인생교여치)는 有始多無終(유시다무종)이니라.

복이 있다고 해도 그 복을 다 누리지 말라. 복이 다하고 나면 몸
이 가난하고 궁색해질 뿐이다. 권세가 있다고 해도 그 권세를 다
부리지 말라. 권세가 다하면 재앙과 서로 만나게 될 뿐이다. 복이
있으면 항상 스스로 아끼고, 권세가 있으면 항상 스스로 공손하
라. 사람이 살면서 교만하고 사치스러우면 시작은 화려해도 끝은
아무것도 없게 될 것이다.

"유시다무종"은 "시작은 화려해도 끝은 아무것도 없게 될 것이
다"라는 의미입니다. 이와 정반대되는 말을 찾는다면 시작과 마
찬가지로 끝도 훌륭하다는 뜻의 '유종의 미'를 꼽을 수 있겠지요.
누구라도 시작은 화려해도 마지막에는 아무것도 없는 삶보다는
시작과 마찬가지로 끝도 훌륭한 삶을 원할 것입니다. 그러나 유종
의 미를 거둔다는 것이 어찌 쉬운 일이겠습니까? 이러한 까닭에

간관 위징은 당나라 태종에게 나라를 세운 처음에는 천하를 잘 다스렸던 제왕이 말년에 유종의 미를 거두기가 얼마나 힘든가를 직언하면서 이렇게 말했습니다.

"존귀한 제왕의 자리에 있으면서 온 세상의 부를 가지고 있고, 자신의 말에 거역하는 사람이 없고, 하고자 하는 모든 일에 사람들이 반드시 순종하고, 공정한 도리보다 사사로운 감정에 의해 움직이고, 욕망이 예절을 파괴하기 때문에, 처음에 잘해도 끝까지 잘하기가 어려운 것입니다."

이는 곧 세상의 부를 다 누리려고 하고, 자신의 말을 다 관철시키려고 하고, 자신이 하고자 하는 일을 다 이루려고 하고, 공사를 분별하지 않고 자신의 감정이 이끄는 대로 하고, 자신의 욕망을 다 성취하려고 하면, 비록 그 시작이 훌륭하다고 해도 반드시 끝은 좋지 않다는 뜻입니다. 그러면서 위징은 당태종이 유종의 미를 거두기 힘든 열 가지 이유를 하나하나 열거했습니다.

첫째, 당태종이 처음에는 무위무욕하여 깨끗한 덕이 변방에까지 미쳤는데, 지금은 먼 곳에서 준마를 구하고 나라 밖에서 진기한 보물을 사들이는 점을 지적했습니다.

둘째, 처음에는 백성들을 위하는 마음이 상처 입은 사람을 대하듯 하고, 백성들이 일하는 모습을 가엾게 여기고, 백성들을 자식처럼 생각하고, 언제나 간소함을 중요하게 여겨 대규모 건축 사업을 벌이지 않았으나, 지금은 사치하고 방탕해져서 "할 일이 없으면 교만하고 방자해지며 힘들게 일을 시켜야 부리기가 쉽다"면서 백성을 노역에 부리는 것을 가볍게 여기는 점을 지적했습니다.

명심보감 인문학

셋째, 처음에는 자신의 손해를 감수하고 백성의 이익을 도모했으나, 지금은 자신의 욕망을 채우는 일을 위해 백성을 괴롭히고 있는 데다 날이 갈수록 뽐내고 사치스러운 마음이 늘어나고 있는 점을 지적했습니다.

넷째, 처음에는 명예와 의리를 중요하게 여기고 힘써서 사사롭게 편드는 일 없이 오직 선한 사람만 가까이하고 소인을 멀리했으나, 지금은 선한 사람을 중요하게 여긴다면서 공경만 하고 멀리하며, 소인을 가볍게 여긴다면서 가까이 하고 있는 점을 지적했습니다.

다섯째, 처음에는 황금이나 보물을 돌아보지 않고 순박하고 소박한 생활을 했으나, 지금은 진기한 물품을 좋아하여 얻기 힘든 물건이 있으면 아주 먼 곳에서라도 구하고 비교할 수 없을 만큼 기이한 물건을 만드는 등 호화롭고 사치스러운 생활을 누리는 데 여념이 없다는 점을 지적했습니다.

여섯째, 처음에는 어진 인재를 구하는 일을 마치 목마른 사람이 물을 찾는 것처럼 했으나, 지금은 자신의 마음에 따라 사람을 등용하고, 설령 어진 사람이 천거한 사람을 쓰더라도 어떤 사람이 그를 헐뜯으면 쉽게 버리며, 오랫동안 신뢰하던 사람도 한번 의심하면 멀리한다는 점을 지적했습니다.

일곱째, 처음에는 일은 청정을 으뜸으로 삼고 기호나 취미에 대한 사사로운 욕심이 없었으나, 지금은 백성의 비난에도 아랑곳하지 않고 너무나 빈번하게 사냥을 즐기고, 또한 사냥에 쓰는 매나 사냥개를 공물로 바치라고 먼 곳에 있는 나라들에게까지 강요하고 있다는 점을 지적했습니다.

여덟째, 처음에는 공경하는 마음으로 신하들을 대했으나 지금은 신하들을 대하는 태도가 소홀해지고 거칠어져서, 아무리 현명하고 재략이 있는 신하라고 해도 충의의 마음을 펼칠 수 없게 만들고 있다는 점을 지적했습니다.

아홉째, 처음에는 부지런히 노력하여 게으르지 않고, 자신의 생각보다 남의 의견에 따르고, 언제나 겸손한 태도를 보였으나, 지금은 자신의 현명함을 자부한 나머지 지나치게 뽐내면서 거리낌 없이 마음 내키는 대로 행동하여 날마다 오만한 마음을 크게 키우고 있다는 점을 지적했습니다.

열째, 즉위한 뒤 처음 몇 년 동안 극심한 가뭄이 들었을 때는 백성들이 굶주림의 고통을 겪으면서도 진실로 자신들을 가련하게 여기는 제왕의 마음을 알고 도망도 치지 않고 원망도 하지 않았으나, 지금은 거듭되는 나라의 부역에 지칠 대로 지쳐서 제왕을 원망하고 비난하는 마음을 품고 언제 소동을 일으킬지 알 수 없는 형국에 이르렀다는 점을 지적했습니다.

위징의 말에 자신의 경우를 견주어 곰곰이 생각해 보면, 어찌 이런 지적들이 제왕의 경우에만 해당한다고 하겠습니까? 보통 사람도 이와 별반 다르지 않을 것입니다. 처음에는 겸손하고 성실했던 사람이 부와 권세를 얻어서 교만함과 오만함 그리고 자만심에 빠지고, 결국에는 화를 입고 신세를 망치는 경우는 주변에서도 적지 않게 발견할 수 있으니, 자칫 나 자신이 그렇게 되지 않도록 경계해야 할 것입니다.

4부

몸과 마음을
다스리는 삶에
대하여

음식은 담백하게 하고, 마음은 맑게 하라

마음을 지켜낸다는 것에 대한 맹자와 율곡의 주장

景行錄曰(경행록왈) 食淡精神爽(식담정신상)이요, 心淸夢寐安
(심청몽매안)이니라.

定心應物(정심응물)하면 雖不讀書(수불독서)라도 可以爲有德君
子(가이위유덕군자)니라.

『경행록』에서 말했다. "음식이 담백하면 정신이 상쾌하고, 마음
이 맑으면 꿈자리가 편안하다. 마음을 안정시키고 사물에 대응하
면 비록 책을 읽지 않았다고 해도 덕이 있는 군자가 될 수 있다."

음식이 '담백하다'는 말은 무슨 뜻일까요? '담백하다'의 사전적
의미는 '욕심이 없고 마음이 깨끗하다' 또는 '아무 맛 없이 싱겁다'
입니다. 그러므로 이는 곧 미각의 즐거움을 좇지 말고 거칠고 맛없
는 음식을 즐겨 먹어야 한다는 뜻으로, 식탐이 없어야 한다는 얘기
입니다. 다시 말해, 담백한 음식은 고량진미, 곧 기름지고 맛좋은
육식 위주의 식사가 아닌 채소와 나물 위주의 식사를 가리킨다고
할 수 있지요.

맹자는 말하길, 군자는 음식에 대한 탐욕이 있는 사람을 천박
하게 여긴다고 했습니다. 군자의 입장에서 보자면 음식은 작은 것

에 불과한데, 작은 것에 지나치게 마음을 쏟다 보면 인의와 같은 큰 것을 잃게 되기 때문입니다. 또한 공자는 "음식을 먹을 때는 배부르게 먹어서는 안 되고, 생활할 때는 편안하게 거처해서는 안 된다"라고 했습니다. 요즈음 유행하는 건강식의 관점에서 보더라도 음식에 대한 탐욕을 버리고 기름지고 맛좋은 음식을 멀리하며 배부르게 먹지 않는다면, 몸이 가볍고 정신이 상쾌해질 수밖에 없지 않을까요?

'마음을 맑게 해 안정시키는 것'에 대해서도 맹자의 말은 참조해 볼 만합니다. 맹자는 "배움의 도리는 다른 것이 없다. 그 어지러이 흩어진 마음을 구하는 것일 뿐이다"라고 말했습니다. 배움의 도리는 '구방심' 곧 어지러이 흐트러진 마음을 구해서 마음을 맑게 하고 안정시키는 것에서 벗어나지 않는다는 얘기입니다. 율곡 이이는 『성학집요』에서 어지러이 흐트러진 마음 가운데에서도 가장 다스리기 어려운 것이 "밑도 끝도 없이 불현듯 어지럽게 일어나서 꼬리에 꼬리를 물고 이어지는 '뜬구름 같은 생각'이다"라고 했습니다. 잠자리에 들어서도 쉽게 잠들지 못하는 가장 큰 이유 중 하나가 '뜬구름 같은 생각' 때문이라는 데는 누구나 쉽게 동의할 것입니다. 그렇다면 이렇게 제멋대로 떠도는 생각을 다스려서 마음을 맑게 하고 안정시키는 방법은 무엇일까요? 율곡 이이는 네 가지 방법을 제시합니다.

첫째, 경건한 마음을 잠시라도 놓아서는 안 됩니다. 배움을 닦을 때나 사람을 대할 때는 물론 모든 일과 사물을 대할 때 항상 공경하고 겸손하며 삼가는 마음을 지녀야 한다는 것입니다.

둘째, 일을 할 때는 하는 일에 집중하고, 쉬고 있을 때 생각이 일어나면 반드시 그 생각이 무엇인가 살피고 헤아려야 합니다. 만약 사악한 생각이면 과감하게 끊어버려서 털끝만 한 싹이라도 마음속에 남겨두지 않아야 하고, 선하고 마땅히 헤아려보아야 할 생각이면 그 이치를 탐구하고 또 드러내 밝혀야 합니다.

셋째, 뜬구름과 같은 생각을 끊어내려고 애쓰지 않아야 합니다. 끊어내고자 하는 마음 역시 뜬구름과 같은 생각일 뿐입니다. 생각이 어지럽게 일어나면 자신의 마음을 살피고 따져서, 그것이 뜬구름과 같은 생각임을 알고 그에 끌려가지 않도록 하면 저절로 점차 그치게 될 것입니다.

넷째, 마음을 다스리는 공부를 밤낮으로 힘쓰되, 절대로 그 효과를 빨리 얻으려고 해서는 안 됩니다. 만약 힘을 얻지 못해 가슴이 답답하고 꽉 막히거나 무료해질 때는 반드시 정신을 가다듬고 마음속을 깨끗이 해서 한 오라기의 잡념도 없게 해야 합니다. 그렇게 기상을 맑고 조화롭게 하는 일을 오래오래 익혀서 엉기고 안정되게 하면 늘 자신의 마음이 우뚝 서게 되어 외물의 자극과 욕망에 이끌리거나 얽매이지 않게 됩니다.

이렇게 한다면 구태여 책을 읽지 않았다고 해도 감히 배웠다고 말할 수 있고, 또한 누구나 덕이 있는 군자가 될 수 있다는 것이 율곡 이이의 주장입니다. 이런 주장은 여기 『명심보감』에서 소개하고 있는 경구와 맥이 닿아 있다고 하겠습니다.

불을 끄는 것처럼 분노를 다스리고, 물을 막는 것처럼 욕심을 막아라

마음을 지켜낸다는 것에 대한 공자와 주돈이의 주장

近思錄云(근사록운) 懲忿如救火(징분여구화)하고 窒慾如防水(질욕여방수)하라.

『근사록』에서 말했다. "분노한 마음을 다스리는 일을 마치 불을 끄는 것처럼 하고, 욕심을 막는 일을 마치 물을 막는 것처럼 하라."

앞서도 소개했듯이, 『근사록』은 남송 시대에 크게 유행한 신유학인 성리학의 바이블이라고 불러도 과언이 아닌 책입니다. 이 책은 성리학의 창시자 주희가 동료 학자인 여조겸과 함께 성리학사상 형성에 지대한 공헌을 한 북송 시대 네 명의 학자, 즉 주돈이와 정호·정이 형제 그리고 장재의 문집 혹은 어록과 저서 등에서 핵심이 되는 내용을 가려 뽑아 편찬한 것입니다. 성리학의 정수를 집대성한 경전이라고 해서 이른바 '남송의 논어'라고 부르기도 하지요.

『근사록』이라는 책의 제목은 『논어』의 「자장편子張篇」에 나오는 자하의 말에서 그 뜻을 취한 것입니다. 자하는 "박학과 독지와 절문과 근사 그 가운데에 인이 있다"라고 했습니다. 즉 널리 배우고 뜻을 독실하게 하고, 간절하게 묻고 가까이 생각하면 인을 구할 수 있다는 것이지요. 주희와 여조겸은 이 네 가지 방법 가운데 '근사'를 택해 책의 제목을 지었습니다. 근사란 '가까운 것에서부터 생각하여 이치를 탐구하고 진리를 찾아나가는 것'을 가리킵니다. 『근사록』의 본문을 통해서도 이 책의 주인공인 네 명의 성리학자가 근사를 어떻게 이해하고 또 얼마나 중요하게 여겼는지 알수 있습니다. 특히 정이는 어떤 이가 "어떻게 하는 것이 근사입니까?"라고 묻자 "가까운 것에서부터 미루어 생각하는 것이다"라고 답했습니다. 또한 "사람이 배우는 방법은 진실로 간절하게 묻고 가깝게 생각하는 것이다"라고 역설했지요.

그렇다면 『명심보감』의 엮은이가 인용한 『근사록』의 이 구절은 누가 한 말일까요? 바로 정호와 정이 형제의 스승으로 성리학의 기초를 닦고 기본 틀을 만든 대학자 주돈이입니다. 일찍이 주돈이는 '역행 공부'에 대해 언급하면서, 사람들에게 "부지런히 힘쓰고 정성을 다하며 한시도 멈춰서는 안 된다"라고 가르쳤습니다. 그리고 이렇게 하려면 "분노한 마음을 다스리고 욕심을 막아서 잘못을 고치고 착한 곳으로 옮겨야 한다"라고 말했습니다. 공자 또한 일찍이 '구사' 즉 '군자가 반드시 생각해야 할 아홉 가지 일'을 언급하면서, 분노하는 마음을 다스릴 때 사용할 수 있는 한가지 방법을 가르쳐주고 있습니다. 그 방법은 '분사난'입니다. 다시 말해 "분노하는 마음이 일어날 때는 분노하고 난 다음에 자신에게 돌아올 어려움을 생각하라!"라는 얘기지요.

주돈이는 욕심을 막기 위해서는 욕심을 적게 하는 과욕^{寡慾}도 부족하다면서, 아예 욕심이 없는 무욕의 수준으로까지 나아가야

명심보감 인문학

한다고 강조했습니다. 『근사록』에 기록되어 있는 주돈이의 말을 인용하면 이렇습니다.

"맹자는 '마음을 수양하는 데 과욕보다 더 좋은 일은 없다'라고 말했다. 그러나 내가 생각하기에 마음을 수양하는 데는 과욕에서 멈춰서는 안 되고, 거기서 더 나아가 무욕에 이르러야 한다. 욕심이 없는 상태에 이르면 정성과 성실이 바로 서고 밝음이 두루 통하게 된다. 정성과 성실이 바로 서면 현인이 되고 밝음이 두루 통하면 성인이 되는 법이다."

분노가 치솟을 때는 그 감정을 분출하고 난 후의 일을 생각하라는 공자의 말이나 욕심을 적게 하라는 맹자의 말은 실천이 그렇게 어렵지 않게 생각되지 않나요? 하지만 과욕도 부족하다면서 무욕에 이르러야 한다는 주돈이의 말은 매우 어려운 주문으로 다가옵니다. 보통 사람에게는 욕심을 적게 하는 것도 쉬운 일이 아닌데, 아예 욕심을 없애는 것은 성현의 수준에 이르는 일을 하라는 것과 마찬가지일 것입니다. 이를 보면 주돈이의 실천 방법이 공자나 맹자의 실천 방법보다 훨씬 더 강경하고 엄격하다는 것을 알 수 있습니다. 실제 유학의 바이블이라고 할 수 있는 『논어』와 유학의 한 분파인 성리학의 바이블이라고 할 수 있는 『근사록』을 비교해 읽어보면, 후자의 주장이 전자의 주장보다 훨씬 더 보수적이고 엄하고 철저하다는 사실을 어렵지 않게 깨달을 수 있지요. 이는 성리학이 원래 공자와 맹자의 유학을 보수적인 입장에서 보다 더 엄격하고 강경하게 재해석했다는 사상적 특징을 가지고 있기 때문이라고 하겠습니다.

분노를 참지 못하면
스스로 근심을 불러들인다

장공예가 당나라 고종에게 써 올린 100개의 '참을 인' 자

忍一時之忿(인일시지분)이면 免百日之憂(면백일지우)니라.

한 순간의 분노를 참으면 백 날 동안의 근심을 모면할 수 있다.

『명심보감』에서 성품을 경계하고 다스리는 데 있어서 가장 중요하게 다루어지는 덕목은 무엇일까요? 그것은 바로 '인'입니다. '忍 (참을 인)'은 '刃(칼날 인)'과 '心(마음 심)'으로 구성되어 있는 한자입니다. 이를 보면 '인' 자에 '가슴에 칼날을 품고 있는 것처럼 참는다'는 뜻이 담겨 있다는 사실을 어렵지 않게 짐작할 수 있을 것입니다. 가슴에 칼날을 품은 고통을 참는 일이 얼마나 힘겹겠습니까? 아마도 죽음보다도 더 고통스러울 것입니다. 즉 '참는다는 것'은 바로 '죽음보다 더한 고통을 견뎌내는 것'과 동일한 의미라는 얘기입니다. 그렇다면 중국사에서 '인'을 대표할 만한 인물로는 누구를 꼽을 수 있을까요? 사람마다 다르겠지만, 필자의 경우에는 한 치의 주저함도 없이 '구세동거九世同居'와 '백인百忍'이라는 고사성어를 남긴 당나라의 장공예를 꼽겠습니다.

당나라 시대를 기록한 역사서인 『구당서』의 「효우열전」을 보면, 당나라 고종 때 사람인 장공예의 집안은 9대를 내려오며 수백 명의 자손들이 한 집에서 살았다고 합니다. 평소 '구세동거'의 미담을 귀담아 들었던 고종은 태산에서 하늘과 대지에 제사를 모시는 봉선 의식을 치른 후 장공예의 집에 들렀습니다. 그리고 장공예를 불러서 9대를 지나는 동안 각 세대를 이루는 수백 명의 일가가 모두 한 집에서 화목하게 지낼 수 있는 비결이 무엇인지 물어보았습니다. 질문을 묵묵히 듣고 있던 장공예는 답변은 하지 않고 붓과 종이를 달라고 한 다음 '참을 인' 100자를 써서 올렸다고 합니다.

집안사람들이 사이좋게 지내지 못하는 까닭은 아주 사소한 것에서부터 매우 큰 문제에 이르기까지 이런저런 일로 내 탓이니 네 탓이니 하며 서로 책망하거나 비난하며 다투기 때문입니다. 비록 마찰을 빚게 되는 일이 있더라도 서로 더불어 참는다면 어떻게 집안이 화목하지 않을 수 있겠습니까? 그러나 한두 번 참는 것만으로는 이렇게 될 수 없고 백 번은 참아야 비로소 그렇게 될 수 있을 것입니다. 그것이 바로 장공예가 고종에게 써서 올린 100개의 '참을 인' 자에 담긴 뜻이라 하겠습니다.

화가 심하면 기운이 상하고,
생각이 많으면 정신이 상한다

도가와 유가에서 말하는 '양생법'

孫眞人(손진인) 養生銘云(양생명운) 怒甚偏傷氣(노심편상기)요,
思多太損神(사다태손신)하고, 神疲心易役(신피심이역)이요, 氣
弱病相因(기약병상인)이다. 勿使悲歡極(물사비환극)하고 當令飮
食均(당령음식균)하라. 再三防夜醉(재삼방야취)하고 第一戒晨嗔
(제일계신진)하라.

손진인의 『양생명』에서 말했다. "화를 심하게 내면 기운이 상하
고, 생각이 많으면 정신이 크게 상한다. 정신이 피로하면 마음이
쉽게 지치고, 기운이 약해지면 질병의 원인이 된다. 지나치게 슬
퍼하거나 기뻐하지 말고, 마땅히 음식을 골고루 먹어야 한다. 두
번 세 번 술을 마셔 취하지 않아야 하고, 무엇보다 앞서 새벽녘에
화를 내는 것을 경계해야 한다."

'진인'은 도가에서만 사용하는 용어입니다. 도가에서 말하는 근
원적인 '도' 곧 진리를 체득한 사람으로, 최고의 경지에 오른 도사
정도로 이해할 수 있습니다. 손진인은 손씨 성을 가진 진인으로
알려져 있을 뿐 정확히 누구인지 알 길이 없습니다. 제자백가 중
도가사상은 양생법과 양생술을 탐구하는 것을 핵심 요체로 하고
있습니다. 질병에 걸리지 않도록 몸과 마음을 건강하게 보존하며

장수하는 비법과 비술을 구하려는 것이지요. 손진인의『양생명』은 '양생하는 법을 기록한 짧은 글'이라는 제목에서 알 수 있는 것처럼 이런 목적으로 쓰인 책입니다.

도가의 초기 사상가인 노자와 장자가 보여준 정치사상적 혹은 사회철학적 특징이 점점 퇴색해 가면서, 후대 도가사상들 사이에서는 점차 양생법과 양생술의 추구가 지배적인 경향으로 자리 잡아갔습니다. 특히 도가사상이 크게 유행한 위진남북조시대로 오면 양생법과 양생술이 더욱 확산되고 발전하는데, 동진의 갈홍이 지은『포박자』가 이를 보여주는 대표적인 사례라고 할 수 있습니다.『노자』나『장자』혹은『포박자』와 또 다른 도가 경전『열자』를 비교해 읽어보면, 과연 이 책들을 도가라는 하나의 사상으로 묶어도 되는가 하는 근본적인 의문이 생길 것입니다.

더욱이 도가의 양생법과 양생술이 위진남북조시대 내내 얼마나 큰 영향력을 행사했는가는 갈홍보다 300년가량 뒤늦게 등장한 안지추가 지은『안씨가훈』을 통해서 재차 확인할 수 있습니다. 이 책에서 안지추는 신선술, 즉 불로장생한다는 도가의 양생법과 양생술을 모두 속임수로 볼 수는 없다면서, "정신을 양성하는 방법, 호흡을 조절하는 방법, 잠자리에 드는 것과 일어나는 것을 절도 있게 하는 방법, 추위와 더위에 적절하게 적응하는 방법, 음식을 섭취할 때 금기해야 할 사항, 약물을 적당하게 복용하는 방법 등을 통해 장수를 누리고 요절하지 않도록 한다면 문제될 것이 없다"라고 말하고 있습니다. 손진인의『양생명』에 나오는 양생법과『안씨가훈』에서 밝히고 있는 양생법이 크게 다르지 않다는 사실을 어렵지 않게 알 수 있지요.

그렇다면 도가의 양생법이 아닌 유가에서 주장한 양생법은 어떤 모습일까요? 사마광과 동시대 사람으로 북송 때 재상을 지낸 여공저가 말한 '치심양성' 즉 '마음을 다스리고 본성을 기르는 것'이 바로 유가가 근본으로 삼은 양생법입니다. 기호와 욕망을 억제하는 것, 지나치게 맛있는 음식을 즐겨 먹지 않는 것, 말을 빨리하지 않는 것, 얼굴빛을 수시로 바꾸지 않고 희로애락의 감정을 다스릴 줄 아는 것, 다급하게 걷지 않는 것, 게으르게 생활하지 않는 것, 조롱과 비웃음과 저속하고 상스러운 말을 입 밖에 내지 않는 것, 세상의 이로움과 화려한 소리와 기예와 연회를 추구하지 않는 것, 도박과 기이한 사물에 마음을 빼앗기지 않는 것, 담박하게 생활하는 것 등이 바로 그것입니다. 여공저의 양생법은 조선의 9대 임금 성종의 어머니이자 소혜왕후 또는 인수대비라고 불리는 한씨가 편찬한 『내훈』의 「언행장言行章」에 수록되어 있습니다.

망상은 정신을 해치고
망동은 재앙을 부른다

타인과 비교하길 좋아하다 망신을 당한 공손룡

濫想(남상)은 徒傷神(도상신)이요, 망동(妄動)은 反致禍(반치화)니라.

분수에 넘치는 망령된 생각은 한낱 정신만 상하게 하고, 망령된 행동은 도리어 재앙만 불러온다.

북송 때 학자 심괄은 『몽계필담』에서 "등주는 사방이 바다로 둘러싸여 있다. 그런데 늦은 봄부터 여름까지 바다 멀리 수평선 위로 누각들이 줄지어 있는 광경을 볼 수 있다. 세상 사람들은 이것을 바다 위에 세워진 도시라고 해서 '해시'라고 부른다"라고 했습니다. 이 해시는 다름 아닌 '신기루'지요. 그 후 청나라 때 학자 적호는 생활백과사전 격인 저서 『통속편』에서 심괄의 기록을 언급하면서 "언행이 허황된 사람을 가리켜 '공중누각'이라고 하는데, 이러한 일을 두고 하는 말이다"라고 했습니다. 즉 분수에 넘치는 허황된 생각이나 현실성 없는 터무니없는 망상을 일삼는 것은 신기루나 공중누각에 불과하다는 것입니다. 그것은 아무 유익함도 없고 정신만 손상시킬 뿐입니다. 이러한 이유 때문에 율곡 이이는 스무 살 때 평생 동안 스스로 경계하기 위해 지은 「자경문」에서 마음과 정신을 안정시키려면 무엇보다도 '잡념'과 '헛된 망상'을 없애는 데 힘을 쏟아야 한다고 했습니다. 율곡 이이가 밝힌 '정심' 공부의 요지는 이렇습니다.

"오랫동안 제멋대로 풀어놓은 마음을 하루아침에 거두어들이는 것이나, 그와 같은 힘을 얻는 것이 어찌 쉽겠는가. 마음이란 살아 있는 사물이다. 잡념과 헛된 망상을 없앨 힘을 완성하기 전에는 그것이 요동치는 것을 안정시키기 어렵다. 마치 마음이 어수선하고 혼란스러울 때 의식적으로 끊어버리려고 하면 더욱 더 어지러워지는 것과 같은 이치다. 금방 일어났다가도 또 금방 사라졌다가 하여, 나로부터 비롯되지 않은 듯한 것이 바로 마음이다. 설령 잡념을 끊어 없애더라도 다만 이 '끊어야겠다는 마음'은 내 가슴 속에 자리 잡고 있다. 이 또한 망령스러운 잡념이다. 어수선하고 혼란스러운 생각들이 일어날 때는 마땅히 정신을 거두어 한곳으로 모아서 아무런 집착 없이 그것을 살펴야 한다. 결코 그러한 생각들에 집착해서는 안 된다. 그렇게 오래도록 공부하다 보면 마음이 반드시 고요하게 안정되는 때가 있게 된다."

『장자』의 「추수편秋水篇」에 보면, 자신의 학문과 변론이 천하제일이라고 자부한 전국시대 조나라의 학자 공손룡이 장자의 명성을 듣고 자신과 견주어 누가 더 뛰어난지 겨루려고 한 이야기가 나옵니다. 공손룡은 먼저 이웃한 나라인 위나라의 공자 위모를 찾아가 장자의 학문에 대해 묻습니다. 그러자 위모는 우물 안의 개구리가 하늘을 제대로 볼 수 없는 것처럼, 공손룡이 자신의 학문

명심보감 인문학

을 장자의 학문에 견주는 것은 마치 대롱 구멍으로 하늘을 보고 송곳을 땅에 꽂아 깊이를 재는 꼴이라면서 크게 비웃었습니다. 그러면서 조나라의 수도인 한단에 온 어떤 젊은이가 그곳에서 유행하는 걸음걸이를 흉내 내다가 오히려 자신의 걸음걸이마저 잊어버려서, 고향으로 다시 돌아갈 때 기어서 돌아갔다는 고사를 들려주며 이렇게 경고합니다.

"장자의 학문에 견주려다가 장자의 지혜를 알기는커녕, 자칫 본래 자네가 지닌 지혜마저 잊어버리는 것도 모자라 자네가 어떤 사람인지 또 무엇을 할 수 있는지조차 잊고 말 것이네."

『장자』에 나오는 공손룡과 위모의 고사는 '한단의 걸음걸이'라는 의미를 지닌 '한단지보邯鄲之步'라는 고사성어를 낳았습니다. '자기 분수를 모르고 다른 사람을 흉내 내거나 따라 하려고 하다가 본래 자신이 지닌 것마저 잃어버리고 마는 경우'를 가리키는 말이지요. 이와 같은 이치가 공손룡의 경우에만 해당하겠습니까? 역사 속에서는 재물과 권력과 명예 등에서 자기 분수를 모르고 다른 사람을 좇아 하다가 패가망신하는 경우를 헤아리기도 힘들 만큼 많이 찾아볼 수 있습니다. 이런 의미에서 '한단지보'의 고사는 망령된 행동은 재앙을 불러올 뿐이라는 『명심보감』의 경고와 그 의미가 통한다고 하겠습니다.

마음이 편안하면 초가집도 아늑하고, 성품이 안정되면 나물국도 향기롭다

공자의 제자 중 가장 가난했던 원헌과 가장 부자였던 자공의 고사

心安(심안)이면 茅屋穩(모옥온)이요, 性定(성정)이면 菜羹香(채
갱향)이니라.

마음이 편안하면 띠풀로 엮은 초가집도 아늑하고, 성품이 안정되
면 나물로 끓인 국도 향기롭다.

당나라 현종 때 사람인 이한이 '무지몽매한 어린 사람이 스승에게
가르침을 구한다'는 뜻으로 지은 『몽구』라는 책이 있습니다. 오늘
날에는 잘 알려져 있지 않은 책이지만, 옛적에는 『천자문』, 『명심
보감』, 『소학』과 함께 널리 읽혔던 아동 교육서였습니다. 당나라
때까지 전해진 유학경전, 제자백가서, 역사서는 물론이고 개인의
저서나 문집 혹은 설화집과 잡기 등에 이르기까지 엄청나게 방대
한 규모의 서적에서 가려 뽑아 엮은 까닭에, 『몽구』에는 아주 다
종다양한 성격의 기록들이 나오지요.

그 가운데 『장자』에서 발췌한 공자의 제자 원헌과 자공의 고
사는 『명심보감』의 가르침과 딱 들어맞는다고 하겠습니다. 원헌
은 집이 가난해 겨우 발을 뻗을 정도밖에 안 되는 오두막집에서

살았습니다. 띠풀을 엮어 지붕을 얹고, 잡초를 얼기설기 얽어 문을 짜고, 뽕나무 가지를 휘어 문을 여닫을 정도로 초라하고 보잘것없는 집이었습니다. 그런데 원헌은 이렇게 작고 초라한 집에 살면서도 항상 편안한 마음을 유지한 채, 정좌를 하고 거문고를 타며 즐거움을 누리며 살았습니다. 비록 먹을 것이라곤 거친 밥과 나물 반찬밖에 없었지만 이 또한 크게 만족하며 살았지요.

자공은 공자의 제자 중 최고의 부자였습니다. 어느 날, 자공은 아름답게 치장한 말이 끄는 마차를 타고 훌륭하게 꾸민 옷을 입고 원헌의 집을 찾아갔습니다. 그런데 마차가 좁다란 골목보다 더 컸던 까닭에 원헌의 집으로 들어갈 수가 없었습니다. 이에 자공은 마차에서 내린 다음 걸어서 집으로 들어갔습니다. 자신을 찾아온 자공의 모습을 발견한 원헌은 너무나 기쁜 마음에 신발을 발에 걸친 채 질질 끌면서 명아주로 만든 지팡이를 짚고 마중을 나갔습니다. 그런데 그 모습을 본 자공은 자신도 모르게 탄식하면서 "정말로 심하게 병들고 쇠약해졌군요!"라고 말했습니다. 그 말을 들은 원헌은 순간 자공이 부귀영화에 푹 빠져 지내느라 안빈낙도하는 선비의 삶을 단지 비참하고 누추하게 보고 있다는 사실을 눈치 채고 이렇게 말합니다.

"아무런 재물도 없는 사람을 가리켜 가난하다고 말하고, 배우고도 실천하지 않는 사람을 가리켜 병들었다고 말하지요. 지금 나는 가난하지만 병든 사람은 아닙니다."

원헌은 자공에게 '나는 가난하지만 병든 사람은 아니다. 하지만 당신은 부귀하지만 병든 사람이다'라고 힐책한 것입니다. '공문십철'의 한 사람으로서 일찍이 공자로부터 언변이 뛰어나다고 평가받았던 자공은 그 즉시 원헌의 말에 담긴 따끔한 훈계를 알아챘습니다. 그리고 크게 부끄러워하며 자신도 모르게 뒷걸음질을 쳤지요. 자공은 부귀와 권력을 모두 지니고 있었지만 공자의 제자답게 '부끄러움'을 아는 사람이었습니다. 부끄러움을 아는 사람만이 자신의 잘못을 뉘우칠 줄 아는 법이지요. 이후 자공이 자신의 잘못을 고치려고 무척 노력했을 것이라는 사실은 쉽게 눈치 챌 수 있지 않나요?

병마개를 막듯이 입을 단속하고, 성을 지키듯이 뜻을 방비하라

주희가 벽에 써 붙이고 보며 마음에 새긴 글

朱文公曰(주문공왈) 守口如瓶(수구여병)하고 防意如城(방의여성)하라.

주문공이 말했다. "자신의 입을 단속하기를 마치 병마개를 막는 것처럼 하고, 자신의 뜻을 방비하기를 마치 성을 지키는 것처럼 하라."

주문공은 성리학의 창시자이자 집대성자라고 할 수 있는 주희를 말합니다. '문공'은 주희가 사망한 후 그의 문덕을 기리기 위해 나라에서 내린 시호입니다. 이 때문에 문헌과 기록상 그의 호칭은 주희, 주자 혹은 주문공으로 등장하고 있습니다.

위 구절은 주희가 지은 글 「경재잠敬齋箴」에 나오는 일부 내용입니다. 성리학에서는 '정기'와 '정심' 즉 '몸과 마음을 올바르게 하는 공부'를 실천하는 데 있어서 '주일'과 '주경'을 매우 중요하게 여깁니다. 주일은 '마음이 한 가지로 집중되어 어지럽게 흩어지지 않는 공부와 실천'을 뜻하고, 주경은 '공경하고 삼가며 조심하는 것을 근본으로 삼는 공부와 실천'을 뜻하지요. 실제 「경재잠」은 주희가 주일을 주제로 삼은 장경부의 「주일잠」을 읽고 난 후 크게 감동하여, 거기에 담긴 뜻을 모아 주경을 공부하고 실천하는 방법을 밝히기 위해 지은 잠언입니다. 장경부는 이름이 '식'으로 주희와 절친한 사이였는데, 당대 최고의 사상가였던 주희가 존경할 만큼 학식이 뛰어나고 덕망이 높은 학자였습니다.

특히 주희는 「경재잠」을 자신의 서재 벽에 써 붙여놓고 보면서 스스로 경계로 삼았다고 합니다. 주일과 주경을 근본으로 삼아 죽을 때까지 한시도 게을리하지 않고 공부하고 실천하기 위해서였습니다. 「경재잠」이 성리학사에서 얼마나 핵심적인 위치를 차지하고 있는가는, 일찍이 퇴계 이황이 열일곱 살의 어린 임금 선조를 계도하기 위해 올린 『성학십도』에 이 잠언이 실려 있다는 사실만으로도 어렵지 않게 확인할 수 있습니다. 주희는 「경재잠」에서 일상생활에서 주일과 주경을 실천하는 구체적인 방법을 제시하고 있습니다. 독자들이 한번 음미해 볼 수 있도록 아래에 그 전문을 소개합니다.

"의관을 바르게 하고, 시선을 존엄하게 하고, 마음을 잠잠하게 가라앉히고 거처하기를 마치 상제를 대할 때처럼 하라. 발걸음은 반드시 무겁게 하고, 손가짐은 반드시 공손하게 하라. 길을 갈 때는 땅을 가려서 밟되 개미집조차 함부로 밟지 않고 돌아서 가야 한다. 집 밖에 나가서는 마치 손님처럼 조심스럽게 행동하고, 일을 맡아서는 마치 제사를 모실 때처럼 조심스럽게 행동하라. 자신의 입을 단속하기를 마치 병마개를 막는 것처럼 하고, 자신의 뜻을 방비하기를 마치 성을 지키는 것처럼 하라. 성실하고 진실하여 혹시 조금이라도 경솔하게 행동하지 말라. 동쪽으로 간다 하고 서쪽으로 가지 말 것이며, 남쪽으로 간다 하고 북쪽으로 가지 말라. 일을 하는 데 있어서는 그 일에 정성을 다하고 다른 일에 마음을 두지 말라. 두 가지 일을 가지고 두 가지 마음을 가지지 말 것이며, 세 가지 일을 가지고 세 가지 마음을 가지지 말라. 오직 마음을 한 가지로 집중하여 모든 사물의 변화를 헤아리고 살피도록 하라. 이렇게 실천하며 그치지 않는 것을 '공경함을 유지한다'고 말하니, 움직일 때나 고요할 때나 서로 어긋남이 없도록 하고, 겉과 속이 서로 바로잡아 주도록 하라. 잠깐 동안이라도 틈이 벌어지면 사사로운 욕심이 만 가지로 일어나는 실마리가 되어서, 불이 붙지 않았는데도 뜨거워지고 얼음이 얼지 않았는데도 차가워질 것이다. 털끝만큼이라도 어긋나면 하늘과 땅이 뒤집어지고 삼강의 도리가 사라지고 구법 역시 몰락하고 말 것이다. 아, 젊은이들이여! 깊이 생각하고 또한 공경할지어다. 먹을 갈아 경계하려고 글로 써서 감히 마음에 고하노라."

이 가운데『명심보감』에 등장하는 위 구절에 대해 주희는 "망령되게 함부로 말을 입 밖으로 내뱉지 말고, 사악하고 잡스러운 생각이 마음에 들어오는 것을 막도록 하라"라는 의미라고 말하고 있습니다.

물을 다스리려면 제방을 쌓고, 성품을 다스리려면 예법으로 하라

선악에 대한 맹자, 순자, 묵자의 주장

景行錄云(경행록운) 人性如水(인성여수)하여 水一傾則不可復(수일경즉불가복)이요, 性一縱則不可反(성일종즉불가반)이라 制水者(제수자)는 必以堤防(필이제방)하고 制性者(제성자)는 必以禮法(필이예법)이니라.

『경행록』에서 말했다. "사람의 성품은 물과 같다. 물은 한번 엎질러지면 다시 담을 수가 없다. 성품도 한번 방종해지면 다시 돌이킬 수가 없다. 물을 다스리고자 하는 사람은 반드시 제방을 쌓아야 하고, 성품을 다스리고자 하는 사람은 반드시 예법으로 해야 한다."

인간의 성품이 선하다고 본 맹자의 성선설과 악하다고 본 순자의 성악설은 유가 내부의 최대 논쟁거리 중 하나였습니다. 맹자와 같은 정통 유가들은 욕망과 이익을 좇는 행동은 외부의 사물로부터 자극받아 형성된, 인간 본성을 흐트러뜨린 행동이라고 생각했습니다. 따라서 인간의 선한 본성을 유지하기 위해서는 욕망과 이익을 통제하고 억압하는 것이 마땅하다고 여겼습니다. 반면 순자는 욕망과 이익을 좇는 행동은 외부로부터 자극받아 형성된 것이 아니라, 인간이 본래부터 지니고 있는 것이라고 주장합니다.

맹자를 비롯한 유가들은 인간이 본디 지니고 있는 인과 덕 그리고 의에 따라 세상을 다스릴 수 있다고 생각했습니다. 다만 인간의 선한 본성을 외부로부터 들어오는 자극적인 욕망을 통제해 잘 다스리고, 본래의 선한 성품을 유지하기 위해 교육과 교화 그리고 수행과 실천을 해야 한다고 여겼습니다. 이에 비해, 성선설 비판의 최고 논객인 순자는 '인간의 본성은 악하고, 선은 인위적인 것'이라고 보았습니다. 선이란 태어날 때부터 인간이 지니고 있는 것이 아니라 오직 인위적인 교육과 교화로서만 가질 수 있는 것임을 강조했지요. 순자는 인간의 본성이 악하기 때문에, 전국시대를 휩쓸고 있는 침략과 정복 전쟁, 사회적 쟁탈과 혼란은 불가피한 것이라고 여겼습니다. 그리고 전쟁과 혼란을 피하기 위해서는 오로지 교육이라는 인위적 훈련과 예법이라는 사회제도에 따라 인간의 악한 본성을 교정하고 교화해야 한다고 주장했습니다. 순자는 자신의 저서 『순자』의 「성악편」에서 이렇게 말하고 있습니다.

"인간의 본성은 본래 악한 것이다. 선이란 인위적으로 그 악함을 바로잡은 것이다. 인간의 본성은 태어나면서부터 이익을 좋아하는 마음이 있다. 이 때문에 서로 다투고 빼앗는 마음이 생겨나고 사양하는 마음이 없어지게 되는 것이다. 태어나면서도 시기하고 미워하는 마음이 있어 잔악하고 해치는 마음이 생겨나고, 충성과 믿음이 없어지게 된다. 또한 태어나면서부터 눈과 귀는 욕망에 사로잡혀 있어 음악이나 여색을 좋아한다. 이 때문에 음탕하고 혼란스러운 일이 일어나고, 예의와 문채文彩 그리고 도리가 없어지게 된다. 옛 성왕들은 인간의 악한 본성으로 그 행동이 편벽되고 험악해져 올바르지 않고 세상이 어지러워져 다스려지지 않게 되자, 예의를 일으켜 세우고 제도를 만들어 인간의 성정을 바로잡고 교화시켰다. 이에 비로소 인간 세상은 다스려지고 또한 도리와 이치에 맞게 되었다."

특히 순자의 성악설은 제자백가 중 하나인 법가의 인간관에 직접적인 영향을 미쳤습니다. 순자는 인간의 악한 본성을 예의의 교육과 실천, 예법이라는 사회제도를 통해 인위적으로 교정할 수 있다고 했습니다. 그런데 순자의 제자이면서 법가사상을 집대성한 한비자는 '예란 곧 법'을 말한다고 하면서, 법치로 천하와 나라와 사람을 다스려야 한다고 주장했습니다.

한편, 유가나 법가와 함께 전국시대 최대 학파를 형성한 묵가의 창시자 묵자는 인간은 '이익을 추구하는 존재' 즉 자신의 이익에 따라 행동하는 이기적 본성을 지닌 존재라고 보았습니다. 그런 점에서 묵자의 인간관은 성악설에 가깝다고 할 수 있습니다. 하지만 묵자는 인간은 성장하면서 누구를 만나 어떤 습관에 물들고, 어떤 교육을 받는지에 따라 선해지기도 하고 악해지기도 한다고 주장했습니다. 묵자의 언행록인 『묵자』의 「소염편所染篇」에 보면 '묵비사염墨悲絲染'이라는 고사성어가 등장합니다. '묵자는 실이 물드는 것을 보고 슬퍼했다'는 뜻인데, 묵자가 실에 파란색을 물들이면 파란색 실이 되고 노란색을 물들이면 노란색 실이 되는 광경을 지켜보다가, 사람 역시 교육과 습관에 따라 그 성품이 좋게 되기도 하고 나쁘게 되기도 한다는 점을 깨달은 일화를 보여주고 있습니다. 이 고사성어는 흰 실은 검게 염색되면 다시 흰 실이 되기 어렵듯이, 사람 또한 한번 악에 물들면 다시 선해지기 어렵다는 것을 뜻하기도 합니다.

　맹자나 순자나 묵자가 각기 다른 주장을 펼치기는 했지만, 모두가 교육이든 교화든 혹은 예법이든 습관이든 결국 사람의 성품을 선한 방향으로 다스리기 위해서는 인위적인 작용이 필요하다는 사실을 인정했다는 점에서는 공통점이 있다고 하겠습니다.

아침과 저녁 풍경을 보면
그 집안의 흥망을 내다볼 수 있다

율곡이 말하는 아침과 저녁에 신경 써야 할 일

景行錄云(경행록운) 觀朝夕之早晏(관조석지조안)하여 可以卜人
家之興替(가이복인가지흥체)니라.

『경행록』에서 말했다. "아침과 저녁이 이른지 늦은지 살펴보면,
그 집안이 흥할지 망할지 내다볼 수 있다."

송나라의 학자 진백이 쓴 「숙흥야매잠」은 '아침에 일어나 밤에 잠
들 때까지의 충고'라는 제목의 뜻에서도 알 수 있듯이, 하루의 절
차나 일과와 관련해 경계해야 할 내용을 다루고 있습니다. 이 글
은 퇴계 이황의 『성학십도』는 물론이고, 율곡 이이의 『성학집요』
에도 실려 있을 만큼 옛사람들이 중요하게 다루었습니다. 여기에
는 아침 일찍 일어나고 밤늦게 잠들 때까지 부지런히 배우고 노력
하며 깨우쳐야 한다는 사상이 담겨 있지요. 이러한 사상은 "아침
과 저녁이 이른지 늦은지 살펴보면, 그 집안이 흥할지 망할지 내
다볼 수 있다"라는 여기 『명심보감』의 경구와도 일맥상통합니다.

그렇다면 아침과 저녁에 어떻게 해야 그 집안이 흥하게 되는
것일까요? 「숙흥야매잠」에서는 아침에 일찍 일어나 해야 할 일과

명심보감 인문학

저녁에 해야 할 일을 나누어 정해놓고 있습니다.

"닭이 울어 잠에서 깨면 이런저런 생각이 점차로 일어나니, 그 사이에 어찌 마음을 고요히 하여 정돈하지 않을 수 있겠는가! 과거의 허물을 반성하기도 하고 혹은 새로이 깨달은 것을 실마리 삼아 차례차례 조리를 세워 분명하게 이해해야 한다. 이미 근본이 세워졌으면 새벽 일찍 일어나 세수하고 머리를 빗고 의관을 갖추고 단정하게 앉아서 안색을 가다듬어야 한다. 마음을 모아서 솟아오르는 해처럼 밝게 하여 엄숙하고 가지런하게 하며, 마음을 비우고 밝으며 고요하고 한결같이 해야 한다."

율곡 이이는 「숙흥야매잠」에 대해 나름의 해석을 내렸는데, 앞의 내용은 아침 일찍 기상하는 일의 중요성과 함께 기상한 뒤에 해야 할 일에 대한 가르침을 주고 있다고 했습니다. 이어서 「숙흥야매잠」을 좀 더 살펴보겠습니다.

"날이 저물면 사람은 권태로워져서 기운이 혼탁해지기 쉬우니 몸과 마음을 가지런하고 엄숙하게 해서 정신을 밝게 일으켜 세워야 한다. 밤이 깊어서 잠잘 때에는 손발을 가지런히 모으고 잡스러운 생각을 일으키지 않도록 하고, 마음과 정신이 편히 쉬게 해야 한다. 이렇듯 밤의 기운을 잘 기르면 올곧은 마음이 본래의 상태로 돌아가게 된다. 항상 이것을 마음에 두고 새겨서 밤낮으로 부지런히 힘써야 한다."

율곡 이이의 설명에 따르면, 이 부분은 저녁에도 신중하고 경계하는 일이 중요하다는 사실과 이른 시간에 일어나서 밤늦게까지 부지런히 힘써야 하는 이유를 알려주고 있지요.

그리고 여기에서는 '집안이 흥하려면 그 집안의 아침과 저녁 풍경이 어떠해야 하는가'에 대해 다음과 같이 훈계하고 있습니다.

"동틀 무렵 일어나서 물을 뿌리고 비로 쓸어 마당을 청소하고, 집 안팎을 깨끗하게 정돈한다. 날이 저물어 집 안에서 휴식을 취할 때는 문이 잘 닫혀 있고 잠겨 있는지 반드시 몸소 꼼꼼하게 점검하여 문단속을 해야 한다."

아침 일찍 일어나 마당을 정돈하고 집 안팎을 청소하는 까닭은 깨끗한 몸가짐과 맑은 마음가짐으로 하루를 시작하기 위해서입니다. 아울러 날이 저물어 집안에서 휴식을 취할 때 빈틈없이 문단속을 하는 까닭은 도둑을 방비하기 위해서이기도 하지만, 또 다르게는 하루 동안 이리저리 내달렸던 몸과 마음을 가지런히 단속하고 쉬게 해서 다음 날을 대비한다는 의미를 갖고 있기도 합니다. 이와 같이 유가에서는 시간을 잘 경영하여 자신을 닦고 근면하게 생활하는 것을 무척 중요하게 여겼습니다. 여기『명심보감』에서『경행록』의 문장을 소개한 이유도 바로 이런 생활태도가 '잘되는' 사람과 집안의 기본 조건이라는 사실을 강조하기 위해서일 것입니다.

모든 것은 사람의 마음속에 존재한다

'안락선생' 소강절이 말하는 심법의 요체

康節邵先生曰(강절소선생왈) 天聽寂無音(천청적무음)하니 蒼蒼
何處尋(창창하처심)고, 非高亦非遠(비고역비원)이니 都只在人心
(도지재인심)이니라.

소강절 선생이 말했다. "하늘이 듣는 것은 고요하여 소리가 없으
니, 푸르고 푸른데 어느 곳에서 찾을 수 있을까? 높지도 않고 또
한 멀지도 않아, 모두가 사람의 마음속에 존재하는구나."

이 구절은 소강절이 지은 「천청음天聽吟」이라는 제목의 오언절구
시입니다. 「천청음」은 소강절의 문집인 『이천격양집』에 수록되어
있지요. 소강절은 『명심보감』에 등장하는 사람 중, 절대적인 비중
을 차지하는 공자를 제외하면 장자나 태공 못지않게 큰 비중을 차
지하고 있는 인물입니다. 그런데 공자나 장자나 태공을 모르는 사
람은 별로 없지만, 소강절이 누구인지 아는 사람은 거의 없을 것
입니다. 이 때문에 『명심보감』을 읽다 보면 '소강절이라는 사람이
누군데 자주 등장하지?' 하는 의구심을 갖게 됩니다. 도대체 소강
절이란 인물이 누구이기에 『명심보감』에서 그의 말과 글을 이토
록 자주 언급하고 중요하게 다루고 있을까요?

소강절은 북송 초기에 활동한 대사상가입니다. 그는 평생 벼슬하지 않고 학문만 즐기며 살았고, 스스로 '안락선생安樂先生'이라고 부를 정도로 자신의 삶에 만족하며 편히 살았다고 합니다. 낙양 부근에 은거하고 사는 동안, 장재, 정호·정이 형제, 사마광 등 당대 학계와 정치계의 유명인사들과 교제하면서 크게 명성을 얻었지요. 소강절은 『주역』의 상수와 도가사상을 결합한 '선천상수학'의 대가였고, 수의 이치로 앞날을 내다보고 미래를 예견할 줄 아는 '예지력의 소유자'로 이름을 날리면서 당시 지배계급인 사대부를 비롯해 세상 온갖 사람들의 관심과 존경을 한 몸에 받았다고 합니다.

소강절은 천지와 우주의 본원은 '태극'이고, 자연 만물은 태극으로부터 형성되고 변화한다고 생각했습니다. 세상 모든 것이 태극의 '지극히 바르고 지극히 중심이 되는 곳'에서 형성되고 변화한다는 얘기였지요. 그의 철학은 지극히 바르고 지극히 중심이 되는 '심법' 곧 '마음의 법'이 태극이라는 결론에 이르게 됩니다. 즉 "마음이 태극이고, 도가 태극이다"라는 것이 소강절이 얻은 철학적 결론이었습니다. "심위태극 도위태극心爲太極 道爲太極"이라는 것이었지요. 여기에서 '심'은 마음이고, '태극'은 우주고, '도'는 진리로 이해하면 되겠습니다. 이렇게 보면 마음이 곧 우주고, 마음이 곧 진리가 됩니다. 사람의 마음이 있어서 천지와 자연 만물 곧 우주가 존재하고, 우주의 진리 역시 내 마음속에 존재하는 것입니다. 따라서 『명심보감』의 이 구절은 하늘은 말이 없어서 그 뜻을 알 수 없지만, 천지와 자연과 우주의 모든 것이 사람의 마음속에 존재하기 때문에, 심법 즉 마음의 법칙을 따르면 천명 즉 하늘의 뜻이 무엇인지 들을 수도 있고 찾을 수도 있다는 얘기라고 해석할 수 있습니다.

소강절의 심법은 '자연과 우주 만물의 법칙을 관찰하는 것' 즉 '관물觀物'과 깊게 관련되어 있습니다. 그는 자연과 우주 만물에 대한 '나'의 관찰과 법칙 탐구가 객관성을 확보하기 위해서는 편견과 왜곡을 일으키는 '나'의 판단을 제거해야 한다고 말합니다. "이아관물 이물관물以我觀物 以物觀物." 곧 "나로써 사물을 관찰하지 않고, 사물로써 사물을 관찰하는 것"이 소강절이 말하는 관물의 이치입니다. 이러한 까닭에 자연과 우주 만물을 관찰한다는 것은 '나'를 자연과 우주 만물 속에 존재하게 하는 것이기도 하지만, 자연과 우주 만물이 스스로의 이치를 말하게 하는 것이기도 합니다. '나'는 자연과 우주 만물이 되고, 내 마음의 법칙이 자연과 우주 만물의 형성과 변화의 법칙과 다르지 않게 됩니다. 이것이 소강절이 말하는 '심법'의 요체입니다.

『명심보감』은 '마음을 밝히는 보배로운 거울'이라는 뜻입니다. 마음을 밝히는 책인 만큼, 사람의 마음을 깊이 탐구했던 소강절의 말과 글을 자주 언급되고 있지요. 소강절은 『명심보감』에 자주 등장하는 공자나 장자, 태공처럼 유명하지는 않지만, 그가 남긴 말과 글을 '마음을 밝힌다'는 『명심보감』의 본뜻과 연관 지어 생각한다면 그 가치와 의미를 한층 더 크게 되새겨볼 수 있을 것입니다.

처음 인문학을 공부하는 사람을 위한 고전 입문서

명심보감 인문학

초판 1쇄 발행 2020년 10월 26일
초판 2쇄 발행 2020년 12월 29일

지은이 한정주
펴낸이 김선식

경영총괄 김은영
책임편집 최형욱 **책임마케터** 박태준
콘텐츠개발8팀장 김상영 **콘텐츠개발8팀** 최형욱
마케팅본부장 이주화
채널마케팅팀 최혜령, 권장규, 이고은, 박태준, 박지수, 기명리
미디어홍보팀 정명찬, 최두영, 허지호, 김은지, 박재연, 임유나
저작권팀 한승빈, 김재원
경영관리본부 허대우, 하미선, 박상민, 김형준, 윤이경, 권송이, 김재경, 최완규, 이우철
외부스태프 표지 霖 design 본문 장선혜

펴낸곳 다산북스 **출판등록** 2005년 12월 23일 제313-2005-00277호
주소 경기도 파주시 회동길 357, 3층
전화 02-702-1724
팩스 02-703-2219 **이메일** dasanbooks@dasanbooks.com
홈페이지 www.dasanbooks.com **블로그** blog.naver.com/dasan_books
종이·인쇄·제본·후가공 갑우문화사

ISBN 979-11-306-3207-0 (03140)

다산북스(DASANBOOKS)는 독자 여러분의 책에 관한 아이디어와 원고 투고를 기쁜 마음으로 기다리고 있습니다.
책 출간을 원하는 아이디어가 있으신 분은 다산북스 홈페이지의 '투고 원고'란으로 간단한 개요와 취지, 연락처 등을 보내주세요.
머뭇거리지 말고 문을 두드리세요.